项目估算实践标准（第2版）

Practice Standard for PROJECT ESTIMATING

Second Edition

[美] Project Management Institute 著

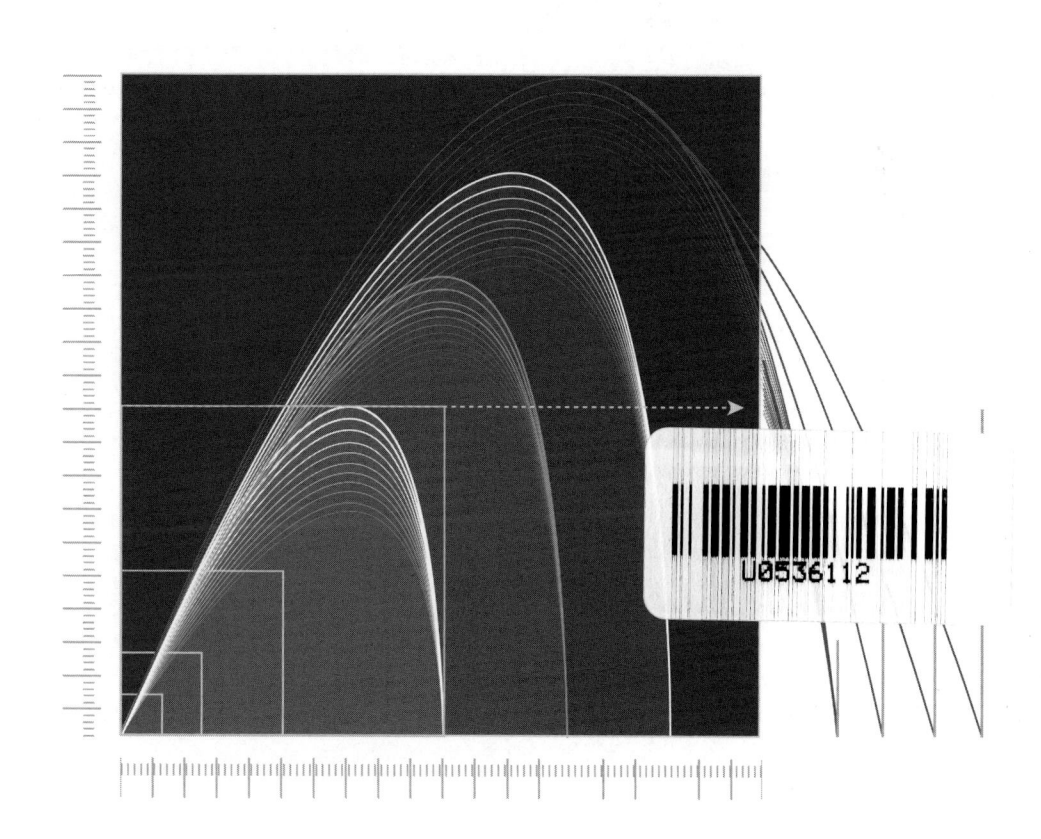

电子工业出版社
Publishing House of Electronics Industry
北京·BEIJING

Practice Standard for Project Estimating, Second Edition
ISBN: 9781628256420 © 2019 Project Management Institute, Inc. All rights reserved.
《项目估算实践标准》（第 2 版）© 2022 Project Management Institute, Inc. All rights reserved.
《项目估算实践标准》（第 2 版）是 *Practice Standard for Project Estimating, Second Edition* 的中文简体字翻译版，由 Project Management Institute, Inc.（PMI）授权翻译、出版、发行。未经许可，严禁复印。

致读者

《项目估算实践标准》（第 2 版）是 *Practice Standard for Project Estimating, Second Edition* 的中文简体字翻译版，*Practice Standard for Project Estimating, Second Edition* 由 PMI 出版于美国并受美国以及国际上现行的版权法保护。电子工业出版社已得到 PMI 的授权在中国大陆出版发行《项目估算实践标准》（第 2 版）。《项目估算实践标准》（第 2 版）中的文字和图的局部或全部，严禁擅自复制。购买《项目估算实践标准》（第 2 版）的读者被自动视为接受《项目估算实践标准》（第 2 版）所包含的文、图、信息。PMI 不对《项目估算实践标准》（第 2 版）的准确性进行担保。若使用《项目估算实践标准》（第 2 版）的信息，读者自行承担此类使用的风险，PMI、电子工业出版社及其董事会、附属公司、继承人、雇员、代理人、代表等均不对此类使用行为造成的侵害进行赔偿。

Notice to Readers

This publication is a translation of the English Language publication, *Practice Standard for Project Estimating, Second Edition*, which is published in the United States of America by the Project Management Institute, Inc. (PMI) and is protected by all applicable copyright laws in the United States and Internationally. This publication includes the text of *Practice Standard for Project Estimating, Second Edition* in its entirety, and Publishing House of Electronics Industry (PHEI), with the permission of PMI, has reproduced it. Any unauthorized reproduction of this material is strictly prohibited. All such information, content and related graphics, which are provided herein are being provided to the reader in an "as is" condition. Further, PMI makes no warranty, guarantee or representation, implied or expressed, as to the accuracy or content of the translation. Anyone using the information contained in this translation does so at his/her own risk and shall be deemed to indemnify PMI, or Publishing House of Electronics Industry (PHEI), their boards, affiliates, successors, employees, agents, representatives, and members from any and all injury of any kind arising from such use.

商标提示

"PMI"、PMI 的标志、"PMP"、"CAPM"、"PMBOK"、"OPM3" 和 Quarter Globe Design 是 PMI 的商标或注册商标，已在美国等国家注册。欲知更多有关 PMI 的商标，请联系 PMI 的法律部门。

Trademark Notice

"PMI", the PMI logo, "PMP", "CAPM", "PMBOK", "OPM3" and the Quarter Globe Design are marks or registered marks of the Project Management Institute, Inc. in the United States and other nations. For a comprehensive list of PMI marks, contact the PMI Legal Department.

图书在版编目（CIP）数据

项目估算实践标准 / 美国项目管理协会著；傅永康，高学军，闫清译. —2 版. —北京：电子工业出版社，2022.9
书名原文：Practice Standard for Project Estimating, Second Edition
ISBN 978-7-121-43667-3

Ⅰ.①项… Ⅱ.①美… ②傅… ③高… ④闫… Ⅲ.①项目管理—估算方法 Ⅳ.①F224.5

中国版本图书馆 CIP 数据核字（2022）第 104157 号

责任编辑：卢小雷
印　　刷：三河市鑫金马印装有限公司
装　　订：三河市鑫金马印装有限公司
出版发行：电子工业出版社
　　　　　北京市海淀区万寿路 173 信箱　邮编 100036
开　　本：880×1230　1/16　印张：8.5　字数：180 千字
版　　次：2016 年 5 月第 1 版
　　　　　2022 年 9 月第 2 版
印　　次：2022 年 9 月第 1 次印刷
定　　价：88.00 元

凡所购买电子工业出版社图书有缺损问题，请向购买书店调换。若书店售缺，请与本社发行部联系，联系及邮购电话：(010) 88254888，88258888。
质量投诉请发邮件至 zlts@phei.com.cn，盗版侵权举报请发邮件至 dbqq@phei.com.cn。
本书咨询联系方式：(010) 88254199，sjb@phei.com.cn。

声明

作为项目管理协会（PMI）的标准和指南，本标准是通过相关人员的自愿参与并遵循协商一致的标准开发过程编写的。在编写过程中，我们汇集了一大批志愿者，并广泛征集了对本标准感兴趣的人士的观点。PMI 管理编写过程并制定规则以保证协商的公平性，但没有直接参与写作，也没有独立测试、评估或核实本标准所含任何信息的准确性、完整性及任何判断的可靠性。

因本标准或对本标准的应用或依赖而直接或间接造成的任何人身伤害、财产或其他损失，PMI 不承担任何责任，无论是特殊、间接、因果还是补偿性责任。PMI 不明示或暗示地保证或担保本标准所含信息的准确性与完整性，也不保证本标准所含信息能满足你的特殊目的或需要。PMI 不为任何使用本标准的制造商或供应商的产品或服务提供担保。

PMI 出版和发行本标准，既不代表向任何个人或团体提供专业或其他服务，也不为任何个人或团体履行对他人的任何义务。在处理任何具体情况时，本标准的使用者都应依据自身的独立判断，或者在必要时向资深专业人士寻求建议。与本标准议题相关的信息或标准也可以从其他途径获得。读者可以从这些途径获取本标准未包含的观点或信息。

PMI 无权也不会监督或强迫他人遵循本标准的内容，不会为安全或健康原因对产品、设计或安装进行认证、测试或检查。在本标准中，关于符合健康或安全要求的任何证明或声明，都不是 PMI 做出的，而应由认证者或声明者承担全部责任。

目录

第1章 引论 1

   1.1 本实践标准的目的 2

   1.2 项目估算的定义 4

   1.3 项目估算的范围 4

   1.4 项目估算和项目管理实践 5

   1.5 本实践标准与其他 PMI 标准及知识领域的关系 6

      1.5.1 《PMBOK®指南》 8

      1.5.2 《挣值管理实践标准》 10

      1.5.3 《工作分解结构（WBS）实践标准》 10

      1.5.4 《进度计划实践标准》 11

      1.5.5 《项目、项目集、项目组合风险管理标准》 11

      1.5.6 《项目集管理标准》 11

      1.5.7 《项目组合管理标准》 12

      1.5.8 《组织级项目管理（OPM®）标准》 13

      1.5.9 《项目复杂性管理实践指南》 13

      1.5.10 《敏捷实践指南》 13

      1.5.11 《PMI 商业分析指南》（包括商业分析标准） 13

   1.6 小结 14

第2章 概念 15

   2.1 概述 15

   2.2 估算角色 19

   2.3 估算生命周期阶段 19

   2.4 演进式估算 21

	2.5	使用度量指标和可用数据 22
	2.6	估算偏差 23
		2.6.1 预测型生命周期 23
		2.6.2 适应型生命周期 24
		2.6.3 项目组合估算偏差 25
	2.7	估算特征 25
	2.8	特定行业的实践 26
	2.9	案例研究 27
	2.10	小结 27
第 3 章	准备估算 29
	3.1	概述 29
	3.2	准备项目估算方法 30
		3.2.1 输入 30
		3.2.2 输出 33
		3.2.3 考虑因素 34
	3.3	案例研究 37
	3.4	小结 37
第 4 章	创建估算 39
	4.1	概述 40
	4.2	定量估算技术的使用 42
		4.2.1 类比估算技术 42
		4.2.2 参数估算技术 47
		4.2.3 自下而上估算技术 50
	4.3	相对估算技术的使用 52
		4.3.1 相对估算技术的输入 55
		4.3.2 相对估算技术的输出 56
		4.3.3 相对估算技术的考虑因素 56
	4.4	定性估算技术的使用 56
		4.4.1 定性估算技术的输入 58
		4.4.2 定性估算技术的输出 58
		4.4.3 定性估算技术的考虑因素 59
	4.5	考虑因素 59
		4.5.1 校准 59
		4.5.2 估算中的乐观和悲观 60

	4.5.3	估算的渐进明细	61
	4.5.4	成本—进度的相互关系	61
	4.5.5	时间考虑	62
	4.5.6	锚定	62
	4.5.7	机器学习和人工智能估算	63
	4.5.8	常见成功因素	63
4.6	案例分析		64
4.7	小结		65

第 5 章 管理估算 67

5.1	概述		68
5.2	管理估算：生命计划周期		69
	5.2.1	管理估算阶段的输入	72
	5.2.2	管理估算阶段的输出	75
	5.2.3	考虑因素	76
5.3	案例分析		77
5.4	小结		77

第 6 章 改进估算过程 79

6.1	概述		79
6.2	评估估算过程		82
	6.2.1	改进估算过程的输入	83
	6.2.2	改进估算过程的输出	84
6.3	实施变更并分享经验教训		85
	6.3.1	输入	85
	6.3.2	输出	85
6.4	考虑因素		86
6.5	案例分析		86
6.6	小结		86

参考文献 87

附录 X1 《项目估算实践标准》（第 2 版）的变化 89

附录 X2 《项目估算实践标准》（第 2 版）的贡献者和审阅者 91

| X2.1 | 《项目估算实践标准》（第 2 版）核心委员会 | 91 |
| X2.2 | 评审人员 | 91 |

X2.2.1	专家评审	91
X2.2.2	公开征求意见评审	92
X2.2.3	PMI 标准项目顾问小组（SMAG）	93
X2.2.4	协调机构评审	93
X2.2.5	制作人员	94
X2.2.6	协调团队	94
X2.2.7	《项目估算实践标准》（第 2 版）中文版翻译者	94

附录 X3　案例研究：制造定制自行车 95
第 2 章——概念 95
第 3 章——准备估算 96
第 4 章——创建估算 97
第 5 章——管理估算 104
第 6 章——改进估算过程 104

附录 X4　估算工具和技术 105
X4.1　概述 105

术语表（英文排序） 111

索引 119

图表目录

图 1-1　PMI 项目估算资源的层次 3

图 1-2　估算实践标准与 PMI 标准库的关系 7

图 2-1　人力投入 16

图 2-2　估算要素 17

图 2-3　估算技术类别 18

图 2-4　估算生命周期阶段 21

图 2-5　不确定性锥体 22

图 3-1　准备估算 30

图 3-2　成本估算者面临的使能因素和挑战 34

图 4-1　创建估算 40

图 4-2　估算的分解或汇总 41

图 4-3　估算三角形 44

图 4-4　确定性与概率性估算 48

图 4-5　亲和分组 53

图 4-6　计划扑克 55

图 4-7　定量与定性方法 57

图 4-8　缓冲和沙袋效应 60

图 4-9 锚定 63

图 5-1 管理估算 68

图 5-2 估算管理周期 69

图 6-1 过程改进步骤 80

图 6-2 持续改进 81

图 6-3 过程管理方法论——长期模型 81

图 X3-1 制造定制自行车项目的体系结构分解 96

表 2-1 项目估算中的关键角色 20

表 2-2 估算的基本特征 25

表 6-1 过程评估规划 82

表 X3-1 工作包 98

表 X3-2 PERT 估算——团队估算 99

表 X3-3 PERT 估算——结果 100

表 X3-4 Charlie 团队的估算待办事项列表 102

表 X3-5 自行车团队的估算基准 103

表 X4-1 估算类别 105

表 X4-2 估算工具和技术 106

第 1 章

引论

与其他 PMI 标准和实践指南一致,《项目估算实践标准》(第 2 版)提供了项目估算活动的相关知识。本实践标准侧重于管理估算过程,并为项目负责人、团队成员及其他项目干系人提供实用指导。

本实践标准面向的读者包括(但不限于):

- ◆ 项目经理/项目集经理/项目组合经理;
- ◆ 项目和项目集团队成员;
- ◆ 职能经理/运营经理;
- ◆ 项目集成员/项目管理办公室成员;
- ◆ 项目和项目集的发起人及干系人;
- ◆ 项目管理和项目集管理的讲师和培训师;
- ◆ 分析师;
- ◆ Scrum 团队、Scrum 主管及产品负责人;
- ◆ 高级管理层和/或批准估算的决策者;
- ◆ 对项目管理和项目集管理及估算感兴趣的人士。

本章概述了本实践标准,包括如下几节:

1.1 本实践标准的目的

1.2 项目估算的定义

1.3 项目估算的范围

1.4 项目估算和项目管理实践

1.5 本实践标准与其他 PMI 标准及知识领域的关系

1.6 小结

1.1 本实践标准的目的

本实践标准的目的是，对得到广泛认可并持续应用的项目估算（基于普遍认可的良好实践）进行定义。

- 普遍认可意味着所描述的知识和实践在大多数时间适用于大多数项目，并且人们对其价值和实用性达成了共识。

- 良好实践意味着普遍认同这些知识、技能、工具和技术在项目和项目集管理过程的应用，可以在交付预期商业价值、收益和结果之外提高成功机会。

- 本实践标准仅用作描述性目的，而非用于培训或教学目的。

《项目估算实践标准》（第 2 版）涵盖的项目估算同时适用于项目、项目集、项目组合和组织级估算。项目管理估算直接或通过聚合作用影响项目、项目集、项目组合和组织级估算，并且通常具有相同的过程、工具和技术。虽然在特定的或组织级项目管理（Organizational Project Management，OPM）环境下的项目集、项目组合和组织级估算会在比较高的层面得到涵盖，但本实践标准的主要重点将放在项目上。

《项目管理知识体系指南（PMBOK®指南）》（第六版）[1]的第 6 章、第 7 章和第 9 章（项目进度管理、项目成本管理和项目资源管理）是《项目估算实践标准》（第 2 版）的基础。本实践标准与这些章节一致，强调与项目估算和项目集估算相关的概念，同时与本实践标准第 1.5 节所述的其他 PMI 实践标准保持一致。

图 1-1 将本实践标准的目的与《PMBOK®指南》、教程、手册和课程的目的进行了比较。由于本实践标准与《PMBOK®指南》中的章节有大量交叉引用，因此我们建议将《PMBOK®指南》与本实践标准结合使用。

---

1 方括号中的数字与本实践标准后面的参考文献序号相对应。

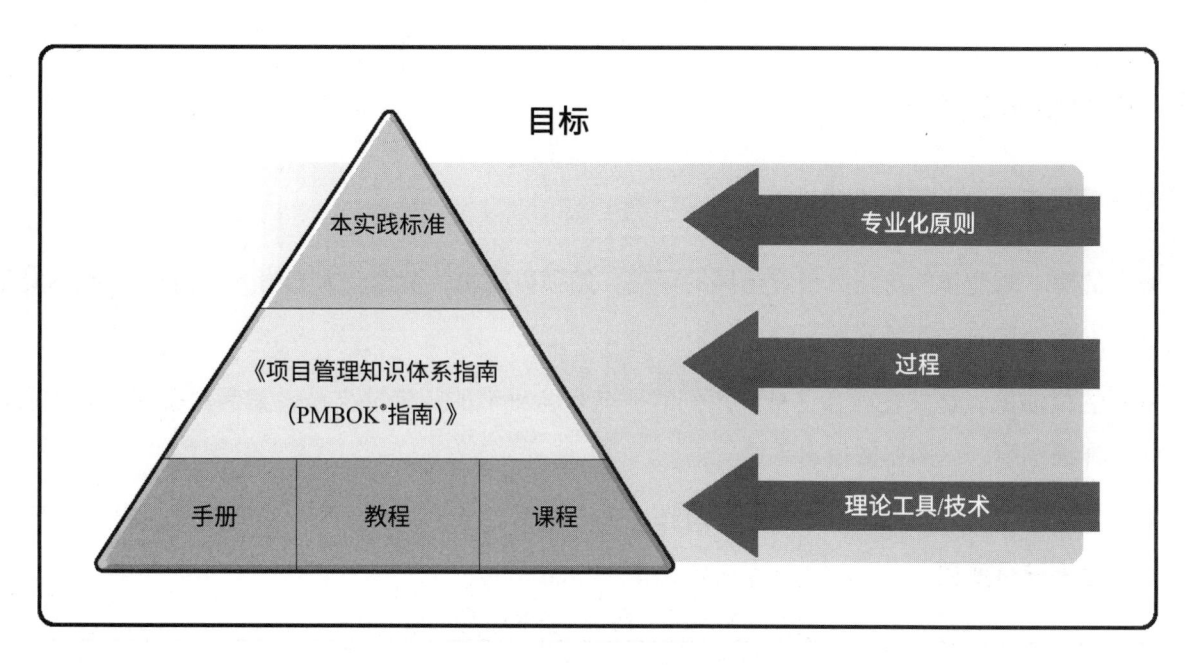

图 1-1　PMI 项目估算资源的层次

本实践标准强调有效的、全面的和成功的项目估算的基本概念。出于以上原因，本实践标准将在通用层面上对这些概念进行阐述。

不同的项目、项目集、组织、行业和环境需要不同的项目方法进行项目估算。项目估算是适用于不同规模项目和项目集的适当过程。在实际应用中，通常会针对每个特定的项目或项目集来对估算进行相应的裁剪。本实践标准中提出了许多具体的遵循这些概念的项目估算实践方法。

这些概念适用于在全球化背景下执行的项目，以反映参与者之间的不同业务、行业和组织安排。这些安排包括商业公司和国有公司、政府和非政府组织（Non-Governmental Organization，NGO）之间的合资企业，以及这些项目和项目集团队中常见的跨文化环境。

实践者可以根据他们的环境、项目、项目集及组织制定的特定程序，然后将其与这些概念进行比较，并根据估算的良好实践对其进行验证。在被高度监管的行业或其他环境中，可能要求进行独立的项目估算。理解估算的依据、方法论和详细程度对项目的成功非常重要。

1.2 项目估算的定义

项目估算中用到的重要术语如下：

- **估算**。对变量的可能数量或结果的评估，如项目成本、资源、人力投入、持续时间，以及风险或潜在收益的概率和影响。
- **估算依据**。概述在项目估算时用到的一些包含细节的支持性文档，如假设条件、制约因素、详细程度、区间和置信水平等。
- **基准**。工作产品的经批准版本，用作与实际结果进行比较的基础，只能通过正式的变更控制程序进行变更。

在这些定义之前通常有一个修饰语（如初步的、概念性的、可行性的、数量级的或确定的）。

《PMBOK®指南》及其他相关标准和实践指南中所描述的估算包括三种类型的估算，本实践标准将详细阐述这三种类型的估算：定量、定性和相对估算。

1.3 项目估算的范围

项目估算对于成功的项目组合、项目集和项目的执行，以及对成功的认识来说都非常重要。项目估算活动对于整个项目或项目集管理规划来说是比较小的一个部分，但它是在项目或项目集生命周期的早期最先执行并随着项目或项目集的进展而重复执行的活动。置信水平受可用信息的影响，如市场动态、项目干系人、法规、组织能力、风险敞口和复杂度水平。项目或项目集使用预期收益和估算来进行商业论证。不切实际的估算可能损害项目和项目集交付预期价值的能力。

除了基于人力投入及资源估算的持续时间和成本估算，项目估算还用于（但不限于）：

- 应急储备定义；
- 管理储备定义；
- 组织预算和分配；
- 供应商投标分析；
- 自制或外购分析；

- 风险概率、影响、紧迫性、可探测性分析；
- 复杂情景分析；
- 组织变革管理需要；
- 产能和能力需求估算；
- 收益定义；
- 成功标准定义；
- 干系人管理规划。

1.4 项目估算和项目管理实践

尽管估算最初是在项目或项目集开始时制定的，但更重要的是要将估算视为贯穿项目或项目集生命周期全过程持续进行的活动。最初的估算可用于确定项目和项目集的人力投入、资源、进度和/或成本的基准。同时将这些估算与项目或项目集收益流进行比较，可以确定其可行性。随着项目或项目集的进展，可以了解更多的信息，估算会不断得到完善从而更加准确。这与《PMBOK®指南》和《敏捷实践指南》[2]中描述的渐进明细概念是一致的。

此外，变更控制流程可根据成本和活动持续时间估算的基准进行管理。同时基于新信息和变更控制而持续进行的重新预测流程也解释了估算是由变更驱动的而非一次性事件。

利用项目控制阶段报告的信息，项目团队有足够的数据来完善初始估算以进行更准确的预测，从而制订更有效的行动计划，并且能够更好地理解项目或项目集的演进趋势。许多世人皆知的例子表明，最终成本或进度与最初的估算大相径庭。

- 1914 年，巴拿马运河的预算比 1907 年的计划少 2300 万美元。
- 1973 年，悉尼歌剧院造价的最初估算为 700 万美元。它迟了 10 年才完工，最终成本为 1.02 亿澳元。
- 1988 年，波士顿大挖掘项目的估算为 22 亿美元。实际交付延迟了 5 年，耗资 140 亿美元，是最初估算的 6 倍多，部分原因是洪水摧毁了所有工程和设备，而这些在风险识别估算步骤中被忽略了。

- 1993 年年初，伦敦证券交易所在经过 10 多年的努力后放弃了金牛座计划。金牛座计划的经理估计，当该项目被放弃时，伦敦证券交易所为此支出的成本超过 8 亿英镑。该计划最初的预算略高于 600 万英镑。金牛座计划的交付晚了 11 年，超过预算 13200%，看不到任何可行的解决方案。

- 1995 年，丹佛国际机场延期 16 个月，估计超出预算 27 亿美元。

- 美国联邦航空局（Federal Aviation Administration，FAA）启动了先进自动化系统（Advanced Automation System，AAS）计划，最初的估算为：耗资 25 亿美元，于 1996 年完成。然而，由于 FAA 和主承包商的原因，该计划经历了多次延误和成本超支。根据美国审计总署（General Accounting Office，GAO）的数据，在用于 AAS 计划的 26 亿美元中，有 15 亿美元几乎都被浪费掉了。据一位参与者回忆："这可能是历史上最失败的有组织的工作。"

- 1996 年，内华达州拉斯维加斯的贝拉吉奥酒店计划投资 12 亿美元。最终成本为 16 亿美元。

- 2009 年，伦敦跨线铁路项目估算为 148 亿英镑，计划于 2019 年完工。该项目的成本严重超支，预计还需要 20 亿英镑的项目资金。

- 2011 年，火星科学实验室的漫游者号火星车的预算为 16 亿美元。完工后的最终成本约为 25 亿美元。

- 柏林勃兰登堡新机场于 2006 年开工，计划于 2010 年完工，最初的估算为 20 亿欧元。该项目的最新估算为 73 亿欧元，预计将于 2020 年完成[1]，延期 10 年。

1.5 本实践标准与其他 PMI 标准及知识领域的关系

估算与项目和项目集管理中的许多其他学科有关，它是一个贯穿项目生命周期的迭代过程。图 1-2 说明了本实践标准与其他 PMI 标准及知识领域之间的关系。估算与项目范围管理、项目进度管理、项目成本管理和项目资源管理等知识领域紧密关联。

---

[1] 该机场已于 2020 年 10 月 31 日投入使用。——编者注

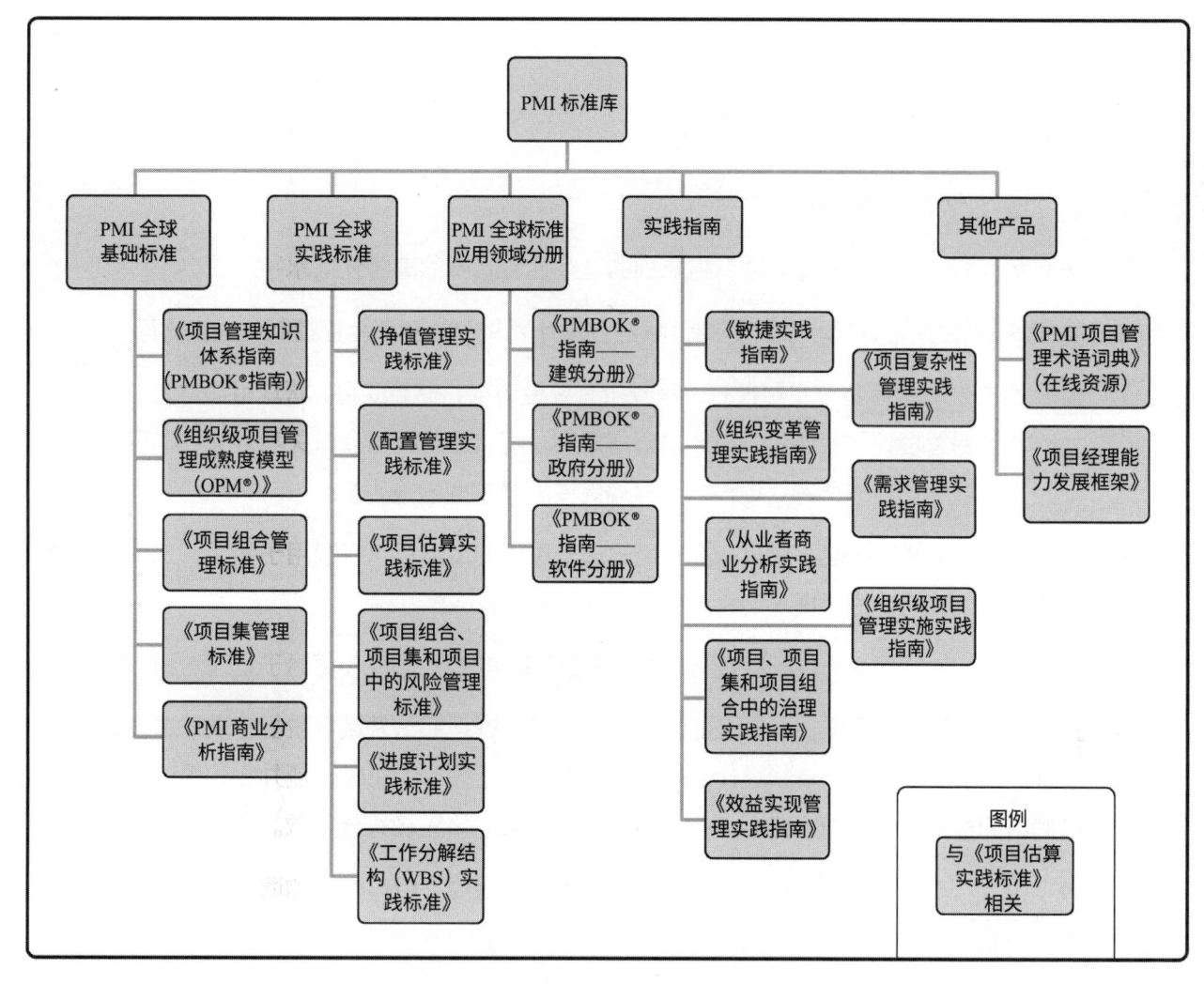

图 1-2 估算实践标准与 PMI 标准库的关系

1.5.1 《PMBOK®指南》

《PMBOK®指南》中与估算相关的章节包括：

- ◆ 第 3 章 项目经理的角色
    - 第 3.5.4 节 整合与复杂性。感知到的复杂性会影响估算的置信水平。
- ◆ 第 4 章 项目整合管理。估算是制订项目管理计划和实施整体变更控制的重要方面。
    - 第 4.6 节 实施整体变更控制。审查所有变更请求，批准变更，管理可交付物、项目文件和项目管理计划的变更，沟通决策结果的过程。该过程审查有关项目文件、可交付物或项目管理计划的所有变更请求，并确定变更请求的解决方案。
- ◆ 第 5 章 项目范围管理。项目范围由用于未来估算的工作包，以及用于资源、工作持续时间和成本的估算活动的规模来定义。
    - 第 5.4 节 创建 WBS。将项目可交付物和项目工作细分为更小、更易于管理的组件的过程。
- ◆ 第 6 章 项目进度管理。制订进度计划是项目进度管理知识领域中发生在规划过程组的一个过程。进度管理是一个持续迭代的过程，需要在整个项目中重新预测并完善活动资源和活动持续时间估算。在敏捷项目中，故事点用于估算人力投入和迭代次数。
    - 第 6.2 节 定义活动。定义活动是识别和记录为完成项目可交付物而须采取的具体行动的过程。
    - 第 6.4 节 估算活动持续时间。估算活动持续时间是根据资源估算的结果，来估算完成单项活动所需工作时段数的过程。
    - 第 6.5 节 制订进度计划。制订进度计划是分析活动顺序、持续时间、资源需求和进度制约因素，创建进度模型，从而落实项目执行和监控的过程。

- ◆ **第 7 章 项目成本管理。**制定预算是成本管理知识领域中发生在规划过程组中的一个过程。项目成本管理是一项持续的活动，需要在整个项目中重新预测并完善成本估算。

    - 第 7.2 节 估算成本。估算成本是对完成项目工作所需资源成本进行近似估算的过程。

    - 第 7.3 节 制定预算。制定预算是汇总所有单个活动或工作包的估算成本，建立一个经批准的成本基准的过程。

- ◆ **第 8 章 项目质量管理。**质量管理内嵌于整个估算生命周期，包括质量需求的合并、对估算的持续监控，以及将经验教训反馈给估算模型。它还包括质量成本的估算。

- ◆ **第 9 章 项目资源管理。**估算活动持续时间可能由于项目团队成员的能力等级、稀缺资源的可用性、竞争性而发生变化。成本估算应该包括可能的人力资源报酬及认可奖励。

    - 第 9.1 节 规划资源管理。定义估算人员的角色和职责。

    - 第 9.2 节 估算活动资源。估算活动资源是估算执行项目所需的团队资源，以及材料、设备和用品的类型和数量的过程。

- ◆ **第 10 章 项目沟通管理。**由于在创建估算时会基于许多假设条件、不同的信息和置信水平，同时预测也会经常变化，因此沟通管理是管理估算和期望的一个重要组成部分。沟通包括收集和传递信息，因此对于获取估算基础的可靠数据来说是一个关键考虑因素。

- ◆ **第 11 章 项目风险管理。**估算是基于一组不完整的信息而创建的，因此总是存在需要管理的固有风险。在风险登记册中，要对每个预期事件的影响和可能性进行估算。

    - 第 11.1 节 规划风险管理。规划风险管理是定义如何实施项目风险管理活动的过程。

    - 第 11.2 节 识别风险。识别风险是识别单个项目风险及整体项目风险的来源，并记录风险特征的过程。

    - 第 11.3 节 实施定性风险分析。实施定性风险分析是通过评估单个项目风险发生的概率和影响及其他特征，对风险进行优先级排序，从而为后续分析或行动提供基础的过程。

- 第 11.4 节 实施定量风险分析。实施定量风险分析是就已识别的单个项目风险和不确定性的其他来源对整体项目目标的影响进行定量分析的过程。
  - 第 11.5 节 规划风险应对。规划风险应对是为处理整体项目风险敞口及应对单个项目风险而制订可选方案，选择应对策略并商定应对行动的过程。
- ◆ 第 12 章 项目采购管理。采购管理包括服务或产品的获取，其中包括资源、持续时间、成本和质量影响等。
  - 第 12.1 节 规划采购管理。规划采购管理是记录项目采购决策，明确采购方法，以及识别潜在卖方的过程。成本估算和活动资源需求是采购方法的输入，用于评估报价的合理性。通常，在合同谈判之后，项目估算会成为项目预算。
- ◆ 第 13 章 项目干系人管理。项目集和项目成功的干系人期望管理主要基于隐含的或已沟通的估算。因此，及时传递良好的估算结果对感知项目集和项目成功至关重要。
  - 第 13.3 节 管理干系人参与。管理干系人参与是与干系人进行沟通和协作以满足其需求与期望，解决问题并促进干系人合理参与的过程。

1.5.2 《挣值管理实践标准》[3]

管理挣值始于为特定增量工作明确计划的价值。挣值也是监控和验证项目实际情况，预测并将其与项目估算进行比较的一种有效方法。

1.5.3 《工作分解结构（WBS）实践标准》[4]

工作分解结构（Work Breakdown Structure，WBS）在某种详细程度上定义了工作包，使基于人力投入和资源估算而做出的成本和持续时间估算具有可接受的置信水平。WBS 还在各个层级建立了用于支持各种估算方法的范围、规模和绩效要求的关键假设条件之间的必要联系。最后，WBS 使估算可以自下而上汇总到项目和/或项目集层级。

1.5.4 《进度计划实践标准》[5]

进度计划根据基于人力投入和资源估算得出的活动持续时间估算而制订。

1.5.5 《项目、项目集、项目组合风险管理标准》[6]

风险管理基于假设和不确定性，使用定性和/或定量估算并影响所有估算。估算还用于定义风险的紧迫性和可探测性。

1.5.6 《项目集管理标准》[7]

《项目集管理标准》中与估算相关的章节包括：

◆ 第 8.1 节 项目集定义阶段活动和第 8.2 节项目集交付阶段活动。这些章节强调了与项目和项目集估算及评估相关的项目集管理过程。例如，风险减轻通常会带来额外的工作和成本，需要包括在估算中。

- 第 8.1.1.3 节 估算项目集初始成本。关于项目集总体成本的估算和对估算置信水平的评估是其商业论证的一个关键要素。

- 第 8.1.1.7 节 估算项目集资源需求。规划和交付项目集所需的资源，包括人员、办公场地、实验室、数据中心或其他设施、所有类型的设备、软件、交通工具及办公用品等。在编制项目集商业论证时，需要估算所需的资源，特别是人员和设施，这些资源可能具有较长的交付周期或影响正在进行的活动。该估算应体现在项目章程中。

- 第 8.1.2.3 节 估算项目集成本。实施项目集成本估算贯穿项目集始终。基于所实施工作的风险和复杂性，可以应用权重或概率来获取估算中的置信因素。

- 第 8.2.3.2 节 估算组件成本。由于项目集具有相当大的不确定性，所以当在项目集定义阶段做初始量级估算时，可能无法预先知道所有的项目集组件。在尽可能接近工作开始时进行估算是普遍接受的良好实践。

◆ 第 8.3 节 项目集收尾阶段活动。此节为本实践标准第 6 章"改进估算过程"中所述的估算过程改进阶段提供了重要输入。

1.5.7 《项目组合管理标准》

估算影响项目组合生命周期及所有的项目组合管理绩效域。项目组合管理从业者、项目组合管理办公室成员、咨询顾问和从事项目组合管理的其他专业人员需要了解选择适当估算工具和技术的相关性，以及估算输出在项目组合绩效领域的影响。在《项目组合管理标准》如下几章对估算有所描述。

- **第 3 章 项目组合战略管理**。项目组合战略管理是对预期和应急举措的管理。它支持战略思考，是有效的组织或业务部门的基础，并评估是否做了正确的事情。估算中的关键术语包括：
  - 项目组合资金。了解干系人愿意投入的财务资源和预期的投资回报对于构建项目组合至关重要。
  - 项目组合资源。了解项目组合的可用资源有助于项目组合管理团队在构建项目组合时考虑资源的制约因素和依赖性。

- **第 5 章 组合管理**。项目组合产能和能力管理的目标是，确保项目组合的产能和能力需求与项目组合的目标一致，并且组织的资源产能和能力能够支持或满足这些需求。

- **第 7 章 组合价值管理**。项目组合价值管理确保了项目组合能够提供组织战略中定义的期望回报。投资额和期望回报均为估算值。过高估算投资额可能截断进一步的投资。过高估算回报将产生过高的期望，从而破坏对组件成功的认知，甚至导致组织授权那些无法产生必要回报的组件。同样的概念也适用于过低估算投资额或期望回报。

- **第 8 章 组合风险管理**。在项目组合层面以下管理风险通常被视为开拓机会和规避威胁。然而，当在项目组合层面处理复杂性时，简单地规避威胁和开拓机会可能无法带来项目组合风险的完全平衡。在复杂互动的环境中应该接受并引导风险和变更。在这种非线性环境中，项目组合管理团队处理特定的项目组合层面风险的目标是优化组织的价值。

1.5.8 《组织级项目管理（OPM®）标准》[9]

资源缺口分析、专家判断、基于持续时间的人力投入和资源估算、成本估算及其他估算可用于制订 OPM 实施或改进计划。能力估算有助于了解 OPM 举措的可行性。

1.5.9 《项目复杂性管理实践指南》[10]

所有标准和《敏捷实践指南》都提到了《项目复杂性管理实践指南》，以及复杂性对不确定性和估算的影响。在估算和沟通估算的置信水平时，应考虑复杂性。

1.5.10 《敏捷实践指南》

《敏捷实践指南》描述了项目和项目集管理的背景，这些背景对大多数项目和项目集管理的很多方面（包括估算）都有公认的很大的影响。敏捷实践和生命周期被称为适应型实践和生命周期，通常嵌入了把估算和工作实践合并在一起的风险减轻实践。这些实践的合并利用了粗略数量级（Rough Order of Magnitude，ROM）估算的速度，如相对估算。

1.5.11 《PMI 商业分析指南》（包括商业分析标准）[11]

《PMI 商业分析指南》（包括商业分析标准）是商业分析的基础，作为项目管理的补充活动与估算实践深度融合。该指南第 5 章在各小节中包含了商业分析师并行开展估算活动的相关材料。此外，在《PMI 商业分析指南》（包括商业分析标准）第 7 章中讨论了如何在产品待办事项列表中使用估算技术。

1.6 小结

本实践标准适用于项目、项目集和项目组合管理从业人员及其他干系人。本实践标准涵盖了在大多数时候，在大多数项目、项目集和项目组合中都被视为良好实践的项目估算的方方面面。

本实践标准侧重于资源和人力投入估算、持续时间和成本估算、能力和产能估算、风险紧迫性、影响、概率和可探测性估算、复杂性估算及其他与估算相关的主题。由于与项目、项目集和项目组合管理的其他方面有许多直接联系，因此项目估算很重要。

本实践标准中描述的项目估算管理的概念可以基于特定的项目或项目集进行裁剪。经验表明，可预见的项目或项目集的成功与在其整个生命周期中正确应用项目估算实践直接相关。本实践标准涵盖了所有的项目生命周期类型，包括预测型和适应型。适应型生命周期是敏捷的、迭代的或增量的，也被称为敏捷型或变更驱动型生命周期。

本实践标准使用自行车案例研究（也被使用在其他 PMI 标准和实践指南中）来演示项目估算的使用和影响。

第 2 章

概念

第 2 章概述了项目估算的一些概念，包括定义项目估算的范围、角色和阶段。本章也强调了一些重要注意事项，如估算偏差的原因、估算的特征、估算方法论、项目集和项目组合的影响、治理及项目估算的行业实践。估算的特定技术在第 4 章加以描述。

本章包括如下几节：

2.1 概述

2.2 估算角色

2.3 估算生命周期阶段

2.4 演进式估算

2.5 使用度量指标和可用数据

2.6 估算偏差

2.7 估算特征

2.8 特定行业的实践

2.9 案例研究

2.10 小结

2.1 概述

本章介绍了使用《PMBOK®指南》中描述的方法来理解和估算项目所需的概念。尽管术语可能有所不同，但这些概念通常与在大多数项目和行业中常用的其他项目估算方法一致。基于本实践标准的目的，当对真实值或模型进行精密测量时，准确度和精确度可互换使用。然而，在某些特定领域，精确度与准确度是有区别的。

本章描述的项目估算的概述涵盖：

◆ **持续时间**。完成一个活动或工作分解结构组件所需要的工作时段总数，以小时、天或周表示。

◆ **成本**。完成项目所需资金的估算或评估的近似值。

◆ **收益**。完成项目集或项目可实现收益的估算或评估的近似值。

◆ **资源**。为完成项目活动和工作包，项目所需资源的估算或评估值。

◆ **非任务相关估算**。非任务相关估算的例子包括复杂度水平、紧急程度、可探测性、应急事件及产能。

◆ **人力投入**。完成进度活动或工作分解结构组件所需的劳动力单位数，通常以小时、天或周表示。人力投入基于范围确定并受复杂性、重复性、风险的影响，如图 2-1 所示。人力投入通常以劳动力单位数来测量，不应与持续时间混淆。持续时间描述了使用所分配的资源进行特定工作所需的工作时段数。

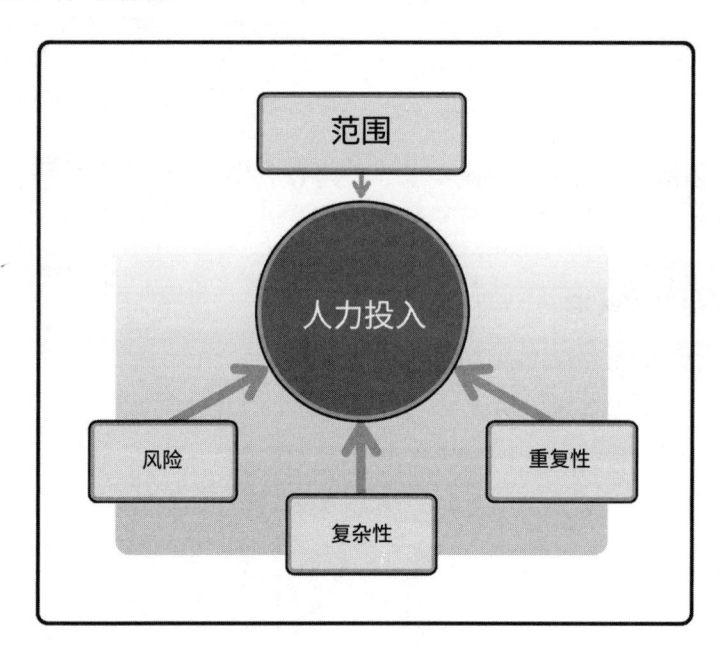

图 2-1　人力投入

◆ **精确度水平**。根据活动范围和项目规模来估算向上或向下舍入的程度（例如，将995.59美元表示为1000美元）。

◆ **准确度水平**。用于确定实际估算值的可接受范围（如±10%）。

工人的经验和技能的经济价值并不总是相等的，而且因人而异。完成项目活动所需的人力资本以资源估算的形式表示，因为可以使用计量单位来估算此类人力投入（如劳动力单位）。活动估算也可能包括非人力投入，如生产线时间、设备及完成项目活动所需的物料。大多数成本估算和持续时间估算的基础是，估算执行项目范围内的一个活动所需的人力投入总和，这可能影响资源估算。例如，如果1个活动需要8个劳动力单位来完成，这个活动可能由1个资源使用8个自然日来完成，也可能由2个同样绩效水平的资源使用4个自然日来完成。这个关系可能并不是线性的。然后根据分配给资源的费率相应地计算成本。间接成本可以被包括在活动层级或更高层级中。图2-2说明了估算要素（人力投入、持续时间、资源和成本）与其各自关键输入之间可能的顺序和相互依存关系。在适应型生命周期中，人力投入可能是一个切入点。

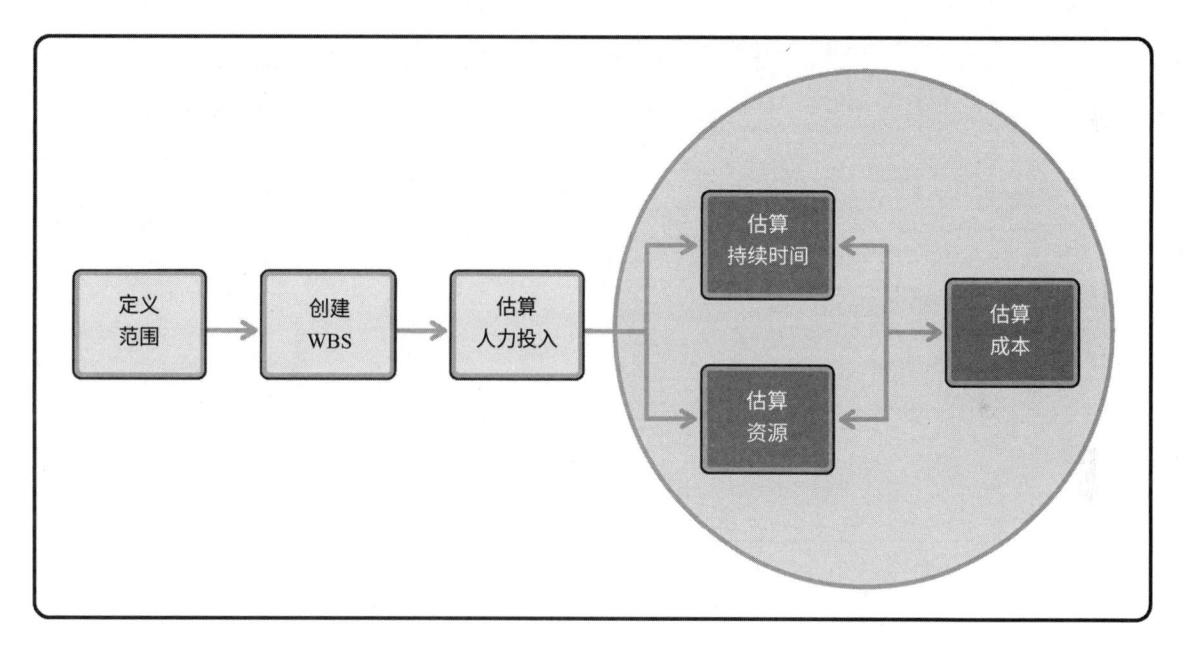

图2-2 估算要素

本实践标准使用术语"项目估算"来指代所有 OPM 组件，以在更高层级进行项目估算的审查。收益实现估算是项目集和项目管理中需要考虑的一个重要维度。持续估算项目组合的价值是项目组合管理的一个关键方面。人力投入、持续时间、成本、资源、收益和非任务相关的估算将按适当的详细程度应用于 OPM 组件。

三种估算技术类别分别为定量估算、相对估算和定性估算（见图 2-3）。这些技术按照创建估算时使用的详细程度进行分类，在第 4 章中将对其进行讨论。

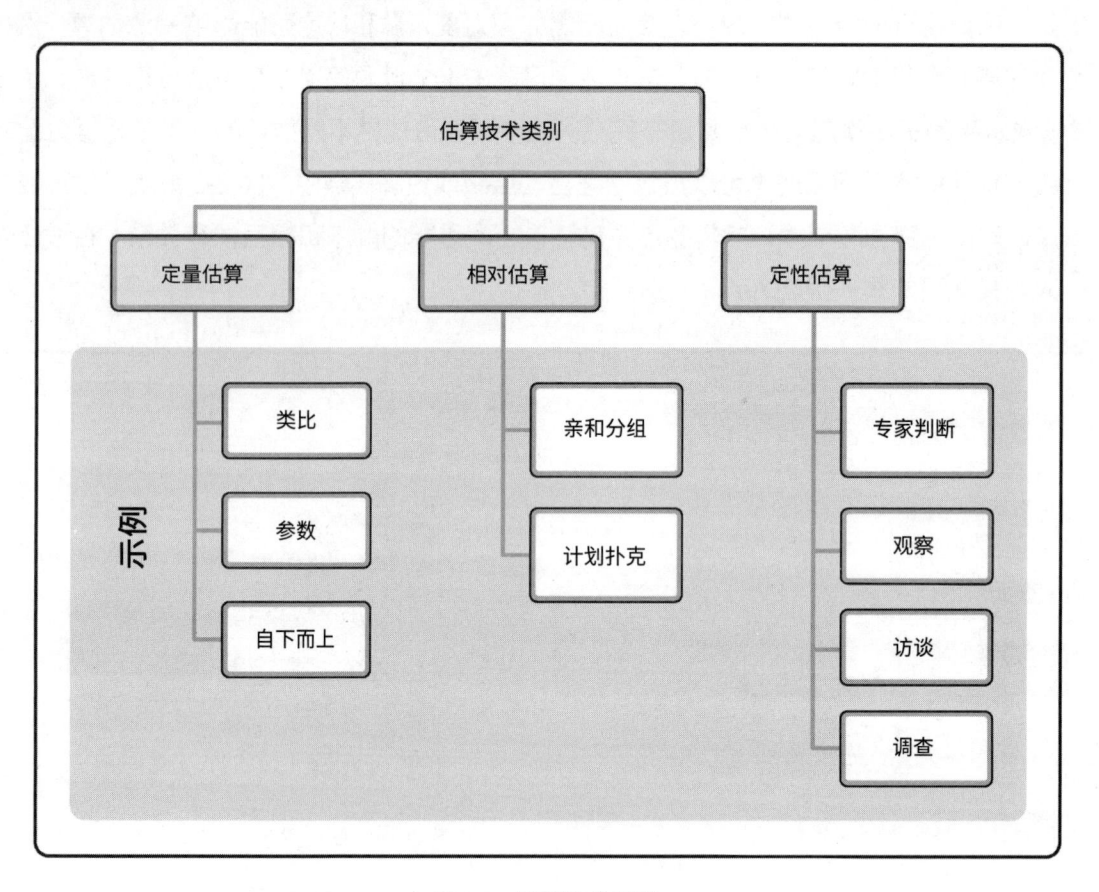

图 2-3 估算技术类别

2.2 估算角色

项目经理负责提供尽可能准确的估算，并在项目和项目集的整个生命周期内维护估算的完整性。为了提高准确性，应尽可能地由执行项目工作的人员进行估算。然而这样的安排也有风险，那就是要执行这项工作的人员可能出于个人原因在估算时虚报或多报。在变更驱动的项目生命周期中，那些执行工作的人员有责任进行估算工作，否则预期的价值和收益可能遭到损害。

在组织内，项目估算涉及的几个关键角色如表 2-1 所示。每个履行项目角色的人员都知道自己在项目估算中的责任非常重要。

2.3 估算生命周期阶段

项目估算生命周期有三个关键阶段：

◆ **准备估算**。在本阶段中创建估算方法，包括识别活动，确定用于估算的工具和技术，识别估算团队，准备估算输入，以及文档化估算的制约因素和假设条件（如资金限制、资源约束或要求的日期）。

◆ **创建估算**。在本阶段中实施人力投入、活动资源、活动持续时间和成本的估算。一些确定估算的模型和技术将在本实践标准的第 4 章进行阐述。

◆ **管理估算**。在本阶段中初始估算已完成，经团队成员确认并建立基准，并且项目工作已开始。项目估算的这一阶段包括许多管理估算的活动，如变更控制、调整预测，以及将实际值与基准估算值进行比较。项目治理则将得到的经验教训应用于估算生命周期，例如，根据实际值校准模型并维护组件清单以在未来估算中使用。

在估算生命周期内获得的信息会用于对估算过程进行的改进评审。应持续或定期分析经验教训和过程控制数据，并将其转换到组织过程资产（Organizational Process Asset，OPA）的更新中。改进适用于所有 OPM 组件。

图 2-4 表明，估算阶段是迭代的并可以持续改进。估算可以在项目的不同阶段中创建。项目估算可以在项目集或项目组合的阶段中创建，或者在项目的开始阶段以早期粗略数量级估算的形式创建，从而确定项目可行性。项目估算也可以在组织和准备阶段创建，随着范围的渐进明细，估算会更加详细。

表 2-1 项目估算中的关键角色

角 色	描 述	职 责
项目发起人	项目发起人对作为项目制约因素的预算进行授权，并列出期望的高层级进度计划	• 可能提供粗略量级估算的预算和资金 • 可能在项目章程中提出估算的进度要求 • 批准团队估算，并相应地调整预算和进度 • 在项目执行过程中批准/拒绝变更 • 可能变更范围、待办事项列表或其中事项的优先级
项目经理	项目估算的担责人，但不一定是执行估算的人	• 记录估算方法和计划 • 协调/引导估算团队，确保信息及时可用，如内部或外部的事业环境因素（Enterprise Environmental Factors，EEF） • 审查估算，如有必要发起修订 • 从估算者处汇总估算 • 识别并记录风险和假设条件 • 加入适当的财务资源，用于创建成本估算和适当的应急储备及备选方案（如有） • 与管理团队合作，就估算、假设条件和风险建立干系人期望 • 注意可能从外部影响项目的项目组合/项目集经理和其他项目经理 • 负责消除影响团队估算活动的障碍
项目集或项目组合经理	汇总项目组合（或项目集）内跨项目的估算	• 从各项目经理处汇总估算 • 与管理团队合作，就收益、估算、假设条件和风险建立干系人期望
估算者和主题专家（包括团队成员）	负责估算项目中特定活动的个人或团队。估算者可以是项目团队成员，也可以是估算领域的专家或其他干系人	• 创建估算 • 记录假设条件和风险 要注意，估算者的经验对于创建估算的过程和过程的输出都会产生影响
分析师	支持项目团队的个人或团队	• 作为团队成员或外部支持者，提供特别的洞察，如商业分析师、风险或成本估算者
高层管理者	审查和批准项目估算的个人或团队	• 审查和批准项目估算及对收益产生的影响
估算的客户	提供估算范围并接收估算的个人或团队	• 提供估算的初始范围 • 作为团队成员制定估算 • 审查和接受项目估算

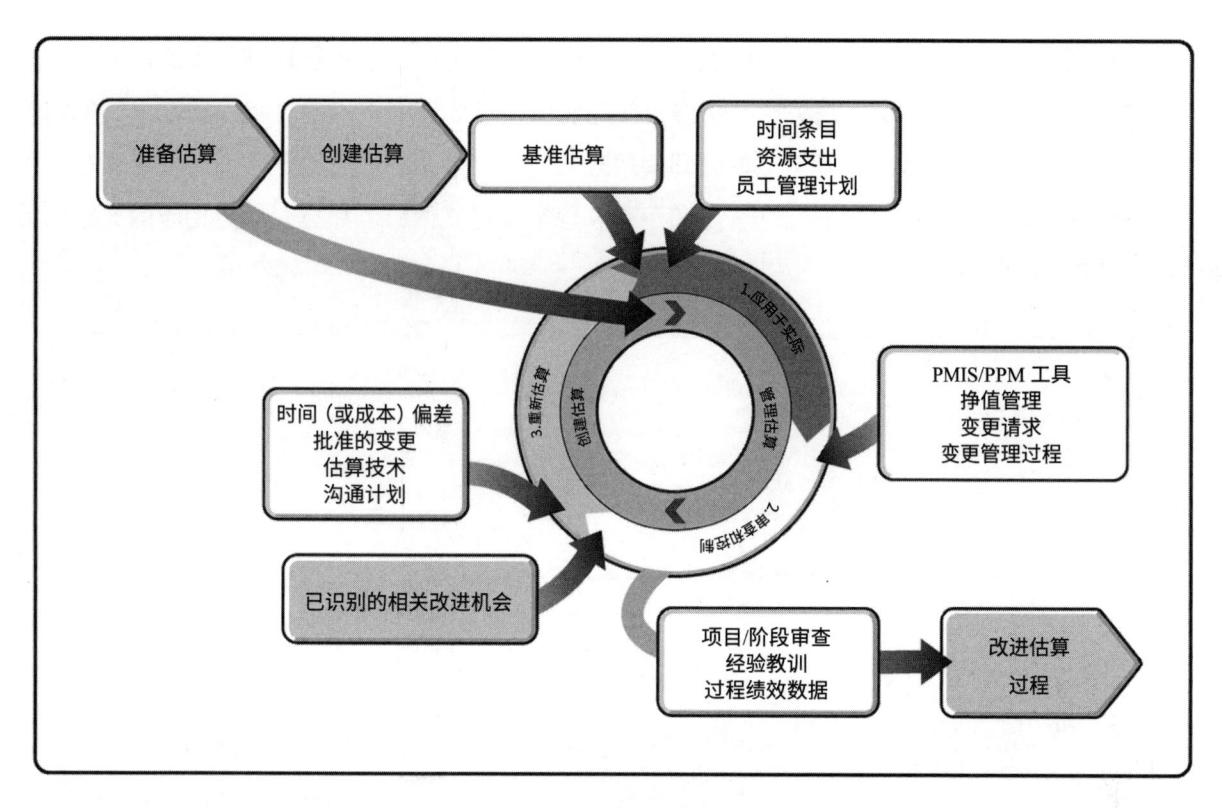

图 2-4　估算生命周期阶段

2.4　演进式估算

所有的项目估算都包括假设条件、制约因素、不确定性和风险感知。估算置信水平直接与活动定义和可用信息相关联。项目估算应该随着信息的可用而不断得到细化。与渐进明细的概念一样，项目估算是迭代和演进的过程。图 2-5 表明，在项目的生命周期早期，由于受限于范围定义和可用信息，估算置信度和准确度降低，因而需要更宽的置信区间。随着项目规划的演进，范围逐步被细化，WBS 和/或产品待办事项列表被创建，更多的关于商业论证、需求、期望的可交付物及验收标准的信息变得可用，估算值可以微调到更高的精确度和置信水平。

例如，在启动阶段可得出项目的 ROM 估算，其区间为 −25% 到 +75%；之后，随着信息越来越详细，工作产品估算的区间可缩小至 −10% 到 +15%。某些组织已经制定出相应的指南，规定了何时进行优化，以及每次优化所要达到的准确度。应急储备可应用于基于可用信息和已识别风险的估算。正如不确定性锥体（见图 2-5）所示，随着项目获得更多的信息，与估算中不确定性相关的应急储备需求应该减少。一些组织也有在规划中基于成本区间使用应急储备的指南。沟通和干系人期望管理是管理演进式估算的重要部分。项目经理要帮助客户和干系人理解演进式估算的概念，以及相应的风险、假设条件、制约因素和区间。

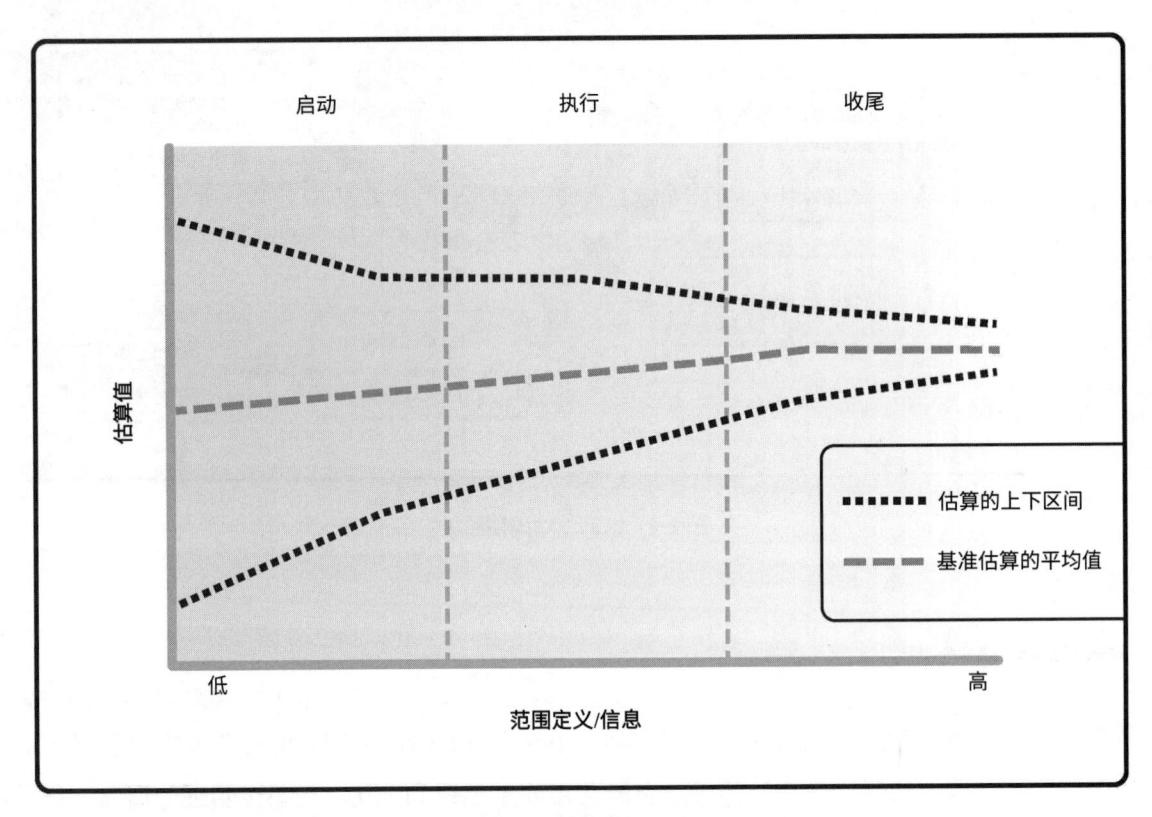

图 2-5　不确定性锥体

2.5　使用度量指标和可用数据

可用数据会影响适当方法的选择。例如，在准备估算时，如果过去项目中有可用的数据，可以收集起来用作输入。在使用类比估算方法时，估算值基于历史的测量结果。在使用参数估算方法时，通过将参数应用于历史项目的测量结果来得出估算值。如果没有可用数据，定性方法相对来说更加实用。

由组织确定的用于评估项目绩效的有用且可靠的测量值可被识别为度量指标。度量指标通常是定义良好并能持续获取的测量值，可以促进跨项目进行的可靠比较。历史指标和其他经验教训的可用性对于改进估算过程是非常宝贵的。在整个项目周期中，项目经理获得这些测量结果，以便根据需要评估项目绩效和改进估算。

2.6 估算偏差

原始估算与调整后估算之间的差异被称为偏差，应该对其进行跟踪和记录。正如第 2.4 节所述，团队参与的项目工作越多，他们越能更好地理解这些要完成的工作——不仅估算需要演进，同时还需要对它们进行调整。作为渐进明细的结果，项目中的偏差应该会逐渐变小。如果项目中的偏差没有随着项目的进展而变小，项目团队需要采取相应的措施。

2.6.1 预测型生命周期

在项目生命周期的早期，估算被批准并记录在项目管理计划中，用于跟踪项目的基准也同时得到了批准。在任何项目中，成本、资源、人力投入和持续时间的估算值与实际值之间有偏差是正常的，通常有如下一些原因，例如：

◆ **需求的演变**。项目估算基准是利用高层级的范围和现有信息及许多相关假设来制定的。随着项目在生命周期中的进展（渐进明细），详细的需求得以定义并基准化，范围也会逐步细化。这种细化可能验证或否定先前的假设条件。例如，在低估或高估复杂性或生产率的情况下，通常会对进度、资源或成本产生影响。

◆ **项目的持续时间**。估算时间越长，越不准确。

◆ **批准的变更请求**。随着项目的进展，客户和其他项目干系人可能提出对初始范围和进度的变更请求，并由变更控制委员会（Change Control Board，CCB）审批通过。这些变更请求会使成本和进度相对原有基准有所变化，因此，尽管它们是被批准的，仍然会被认为是偏差。

◆ **运营问题或变更的假设条件**。在创建估算基准时，会做关于活动资源、成本单位和持续时间的假设。这些假设条件可能随着项目的进展而改变，也可能是不正确的。例如，一个资源被假定为一个比率，但项目中实际使用的资源或多或少都比其要贵，这会对项目成本产生影响。另一个例子是材料来源的变化。

- **错误估算**。由于项目的复杂性和内在的不确定性，总是会出现错误估算的情况。例如，忽略了对某个关键组件或工作范围的估算、数学计算上的错误、从不可靠来源得到的不准确数据、团队对估算范围知识的缺乏、估算经验的缺乏以及没有充足的时间进行估算。
- **填充**。填充或缓冲是由于估算者没有足够的信息或信心而增加到估算中的额外时间或成本。填充会从根本上破坏项目经理提供实际进度和预算的专业职责。如果估算者没有把握，则应识别这些风险，并应用储备和/或考虑使用缓冲。

在整个项目生命周期中需要理解和管理每个引起偏差的原因。这些技术包括根据当前基准跟踪进展；在变更被批准后重新确定基准；更新假设日志；记录经验教训；在新风险被识别时管理风险登记册和风险管理计划。

2.6.2 适应型生命周期

尽管项目的规划和执行是为了更容易接受并适应范围或资源的变化，但偏差的原因是相似的，例如：

- **粗略量级（ROM）估算偏差**。在初始规划期间，项目团队通过粗略估算所需的人力投入来确定迭代次数及其持续时间。在初始规划后不久，ROM 估算被其他估算方法（如相对估算）所取代，该方法通常使用故事点和斐波那契数列、T 恤衫尺寸等。
- **单点估算偏差**。估算可能基于专家判断、历史信息，或者只是猜测。单点估算考虑快速计算，但也鼓励人们根据风险和不确定性进行估算。
- **相对估算**。在变更驱动的方法中，前期规划周期通常较短，获取初始需求的细节自然要少得多。完成每项需求的人力投入估算通常是相对的（如故事点）而不是绝对的（如人力投入小时数）表示。通常，项目团队以协作方式执行此估算活动。因为周期更短，团队可以更快地对估算偏差做出反应。
- **速度**。在某个迭代中，完成的产品特性的相对估算的总和使团队可以通过查看其历史绩效来更准确地规划。速度是每个团队所特有的，不能用于比较它们各自的效率。速度在几次迭代后得以常规化，并预期在随后保持不变。然而，在为下一次迭代做准备的回顾性审查期间，团队可能根据资源可用性或通过流程改进来调整其速度。

2.6.3 项目组合估算偏差

在项目组合管理实践中,估算的重点是确保项目组合及其组成部分与组织战略保持一致。基于这些因素,组织利用估算来做出关于项目选择的明智决策。ROM 估算是常见的,通常结合与历史项目人力投入(如果可用)的比较并由专家判断来确定。在选择项目后,适当的团队将在收集详细需求后调整初始估算。

2.7 估算特征

估算具有一些特征。表 2-2 列出了有助于创建项目、项目集和项目组合估算的一些基本特征。

表 2-2 估算的基本特征

特征	描述
请求者	请求估算的人员或组织
估算目标	估算的内容(进度、人力投入、资源、成本、风险、收益、复杂性、产能……)
置信水平	感知的置信水平是估算的保证
估算的范围	估算范围包括/不包括哪些内容
使用的假设	为了得出估算值,假设哪些信息是真实的
使用的方法	估算是如何得出的,自上而下、自下而上、专家判断等
估算者	参与创建估算或后续审查的一人或多人
版本	在配置管理中建立
测量单位	测量(时间、货币、风险)的单位
估算背景	组织能力和成熟度、项目背景的稳定性,如市场需求、政治稳定性、汇率、行业和其他相关环境特点

2.8 特定行业的实践

虽然所有类型的项目的估算生命周期阶段都是相同的，但不同行业采用的估算指标和模型存在一些差异。这些差异主要与项目产品的性质有关，例如：

◆ **软件开发**。用于估算软件项目任务人力投入的模型会受团队使用的项目生命周期（如预测型和适应型），以及用于构建最终产品的工具和技术的影响。项目团队利用专家判断与正式模型的程度也各不相同。基于模型的评估方法的例子包括功能点分析（Function Point Analysis，FPA）、用例分析（Use Case Analysis，UCA）、相对大小和故事点。

◆ **建筑**。不同类型的建筑（工业、商业、住宅和医疗保健）和不同行业（电气、机械和结构）都有为特定可交付物进行一般估算的标准参考文件。使用的指标主要是劳动力单位和材料成本的组合。在建筑行业，用于估算的参数化成本模型使用诸如平方英尺、位置和材料质量等指标。

◆ **基于流程的行业**。以流程为基础的行业包括制造业、采矿业和炼油业。在此类行业的估算中，使用的指标可能包括工厂产能、储存设施规模、总体设备效率（Overall Equipment Effectiveness，OEE）、劳动力单位和材料成本。

◆ **高度监管的行业**（如制药和核能）。将新药推向市场的成本高昂，而从这些投资中获得利润的窗口也受到专利排他性的限制。在整个开发生命周期中，遵守政府法规大大增加了成本。在制造、临床或实验室的正式验证方面及整个程序都有会引入额外成本的因素的例子。只有少数研究项目最终会产生商业上可行的成果，因此，解决内在风险并预测合规开销的成本和进度估算对于促进良好的投资决策至关重要。

◆ **政府**。世界各地的国家、州和地方政府对个人和实体如何以不同方式开展业务进行监管。这些领域的项目都有独特的要求，特别是在法规、标准、合同投标和采购方面。项目团队应能够接触熟知客户政府相关法规和指南的人员。在这一领域缺乏能力可能导致丢失合同机会，无法预测遵守法规的成本，以及进度超支，从而导致处罚。

◆ **非政府组织**（NGO）。在非政府组织和非营利驱动的项目中，价值估算通常侧重于收益、可持续性和其他非定量方面。

2.9 案例研究

在本实践标准中,将通过制造自行车的案例研究来进行具体实践演示。该案例研究被刻意简化,以展示多种估算技术和敏捷实践在项目中的使用。整个案例研究如附录 X3 所示,并附有在每个估算阶段如何应用的示例。

2.10 小结

项目估算涉及活动持续时间、活动资源、活动人力投入、活动成本、活动风险及项目的收益和价值。项目生命周期决定项目过程,并影响其偏差和角色。项目估算在项目过程中不断得到发展和改进。随着项目从一个项目组合到一个项目集,再到逐步细化的实际交付,项目估算也会发生变化。由于这种变化,在估算中可以使用置信区间和应急储备。在项目估算基准化后,随着项目的进展,会出现一些导致偏差的原因。项目团队应注意估算的特点,并考虑不同行业的项目估算技术的差异,并通过吸取经验教训来更新知识库。

第 3 章

准备估算

本章介绍估算生命周期的准备估算阶段，重点介绍项目估算方法的创建。本阶段的目标是准备估算并确保所有必要资源的可用性，以创建估算。

以下几节详细解释了该阶段：

3.1 概述

3.2 准备项目估算方法

3.3 案例研究

3.4 小结

3.1 概述

在创建项目估算之前，记录项目估算方法至关重要（通常在项目启动阶段执行）。记录估算方法有助于项目经理和关键干系人考虑项目估算过程中涉及的许多因素，并确定所需的资源和用于估算项目的技术。

图 3-1 显示了本节所述的准备估算阶段的输入和输出。花费适当的时间进行估算规划将有助于减少在第 2.6 节中识别的部分造成差异的因素，特别是需求的演变和错误估算。

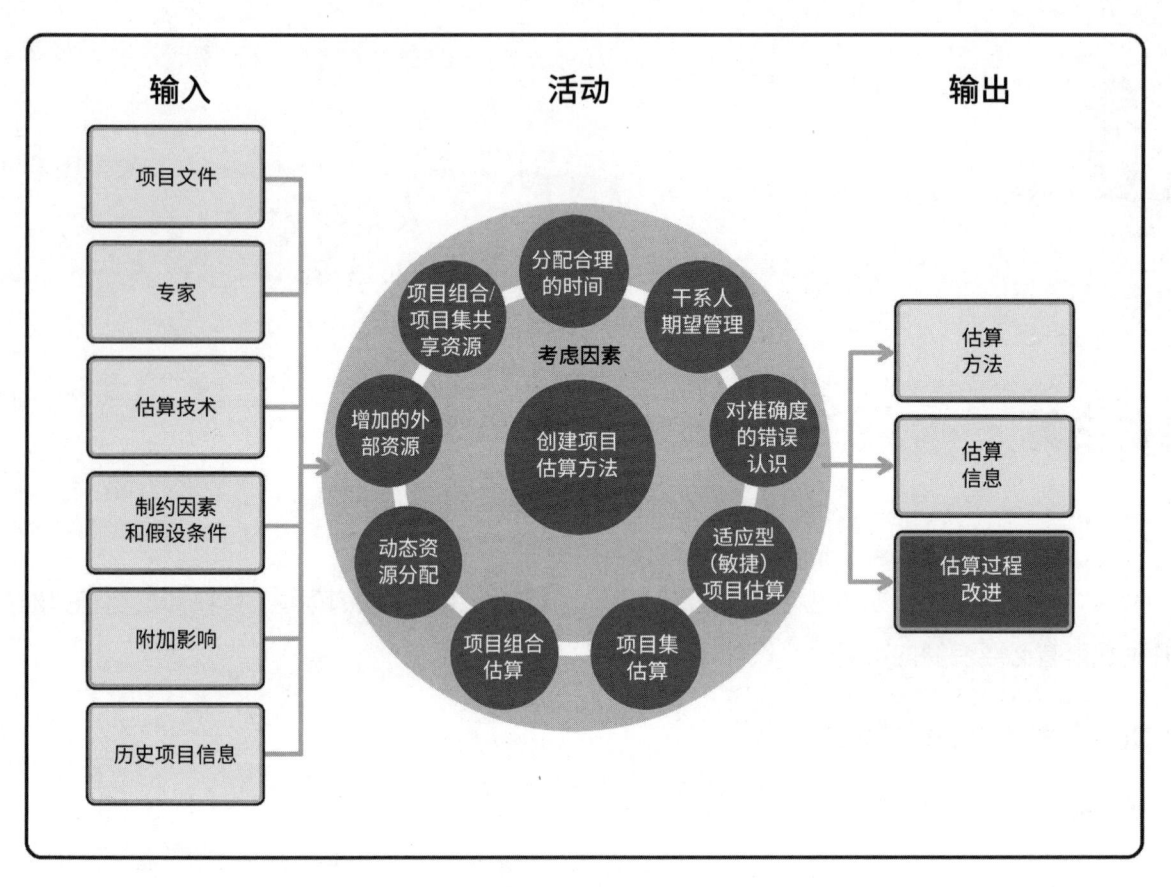

图 3-1 准备估算

3.2 准备项目估算方法

准备估算阶段的第一步是获取所有相关信息，以便在信息可用时理解估算内容的背景。

3.2.1 输入

准备项目估算方法的输入有以下内容。

- **项目文件**。项目文件包含大量对项目成功和提高估算质量至关重要的信息。项目文件的例子包括：
  - 需求文档。以用户故事、用例、工程量清单（Bill of Quantity，BoQ）（如果适用和可用）、项目目的、技术特征和解决方案需求的形式，描述各个需求如何满足项目的商业需要。

- 范围基准。经批准的项目范围说明书、WBS 及相关的 WBS 词典，可使用正式变更控制程序进行变更，并用作与实际结果进行比较的基础。在敏捷方法中，可能没有范围基准。在使用 Scrum 敏捷方法时，范围由被选择作为发布的一部分的一组用户故事加以定义。这些最初是在非常高的层级上确定的，并随着需求的开发和实施而逐步细化。

- 活动清单、属性和进度计划。如果项目已有活动清单、待办事项列表和/或高层级进度计划，则应将其与高层级范围结合使用，作为准备估算阶段的输入。活动清单还可以包括相关数据项的活动属性，如相互关系、紧前项和资源需求，这些属性对估算有帮助。

- 风险登记册。记录风险管理过程输出的存储库。团队使用风险登记册来帮助确定可能需要调整项目资源、时间或成本的领域。例如，对于组织来说，一项新技术会带来风险，因为团队成员可能不知道如何有效地使用它，因此可能需要更多的时间来规划、设计和测试。

- 资源日历。确定每个特定资源可用的工作日和班次的日历。可用资源的任何清单都有助于估算。估算的活动持续时间与资源的可用性、生产率和分配有关。

◆ **专家。** 一旦记录了项目的高层级范围，项目团队应确定估算项目不同部分所必需的资源。本实践标准第 4 章中描述的几种技术利用了关键资源的知识和经验。专家不必是项目团队的专职成员。多种项目资源的参与增加了对估算的认可，并产生了实现这些估算的更强承诺。

◆ **估算技术。** 项目团队应理解可用的估算技术，这些技术可能包括在 OPA 中。通过理解估算技术，项目经理将在准备估算时获得适当的可用输入。例如，类比估算和参数估算需要项目的历史信息，自下而上估算需要详细的 WBS 和活动清单。在本实践标准的第 4 章将对这些技术进行更详细的描述。

在适应型或变更驱动的实践中，如敏捷，可以在迭代中对估算进行管理，每次迭代都会产生更高的估算置信度。许多技术将完成一个新需求的人力投入与以前估算的需求或团队成员中已知的某个方面的相对人力投入进行比较，目标是产生一个适合当前（但在大多数情况下并非是确定的）需求的粗略估算。

◆ **制约因素和假设条件**。确认已识别的项目制约因素和假设条件非常重要。一些项目有固定的范围、成本、价值和/或进度，这可能制约估算。识别这些制约因素和假设条件，可使项目经理能够在估算（如范围、持续时间、成本或收益）时理解各种选项的灵活性，以及哪些需求不能更改。同样重要的是，要注意在项目早期做出的任何假设，并将其记录在项目假设日志中。制约因素可能来自组织、客户、技术/过程要求或特定问题。

◆ **附加影响**。项目的主要影响有 OPA 和 EEF，这些影响不在特定项目需求的范围之内。在估算项目时应考虑这两种影响，因为它们直接影响活动、活动持续时间和成本，如下所述：

- 组织过程资产（OPA）。许多组织都有用于管理项目的标准流程、工具和项目管理可交付物。应理解这些资产，以便在项目估算阶段对它们进行规划，并将其包含在估算中。例如：需要估算的包含在 WBS 中的可交付物和流程；需要遵循的估算过程和标准，其中可能包括确定置信水平区间和应急储备的方法；需要估算的项目领域清单。在建筑行业中，有许多具有独特代码的项目数据库，供应商会不断更新和维护这些数据库。这些数据库是估算的关键输入。

- 事业环境因素（EEF）。这些包括围绕或影响项目成功的内部和外部环境因素。这样的例子包括但不限于：组织文化、行业或政府标准及市场条件。更全面的 EEF 清单见《PMBOK® 指南》第 2.2 节"事业环境因素"。

◆ **历史项目信息**。一旦知道了高层级的范围，项目团队就会收集过去的或正在进行的类似项目的可用历史信息。该信息可以作为比较或开始的基础，用于类比估算技术。它还可用于了解如何利用所吸取的经验教训，以便将其纳入项目估算。历史项目信息的例子包括人力投入、进度、成本、资源和其他形式的文档。IT 和敏捷项目经理应该考虑历史信息的时效，以确定它们作为估算的输入是否仍然有效。在高度变化的环境（如软件开发）中，使用过时的数据进行估算可能产生问题，因为在这种环境中，数据、工具和技术会发生变化并迅速演进。

3.2.2 输出

一旦完成了输入的收集，项目经理应记录有关估算活动人力投入、活动持续时间、活动资源和成本的项目估算方法。

◆ **估算方法**。团队选择的估算方法和选择方法的理由是重要的沟通要素，有助于团队成员快速理解项目并尽早发现偏差。这些信息通常包含在项目管理计划中，在所有项目进度回顾中都应该是可见的。已记录的估算人力投入、成本、活动持续时间和活动资源的方法包括对正在估算的项目、使用的估算技术、资源需要、假设条件、制约因素和估算时间的描述，描述如下：

- 估算范围。应明确确定并记录包含和排除的内容，以及假设条件的详细清单。估算范围与项目范围不同，不应与项目范围说明书或范围基准混淆。

- 组织过程资产（OPA）。拥有标准 OPA 的公司可能有项目的强制性可交付物清单。应注意到这些，以便得到项目中这些可交付物的估算。

- 估算假设。明确说明估算范围内的假设条件及估算时已知的和未知的假设条件。这些可以包括围绕商业论证、团队的技能和可用性及项目环境的假设条件。

- 制约因素。在管理项目、项目集、项目组合或过程时作为选择施加的限制因素。制约因素可能包括经济、法律、环境、技术或社会方面的约束，也可能包括项目的特定数据或无法更改的成本。需要识别和记录客户确定的特定制约因素。

- 估算技术。项目经理根据可用信息和已识别的风险来确定最佳估算技术。使用多种技术来校准和比较这些技术是一种良好实践。本实践标准的第 4 章概述了每种技术的最佳应用场景，也包括了相关项目集和项目组合的估算汇总实践。

- 估算置信度。确定需要什么来获得项目估算的高置信水平。

- 应急储备规划。说明使用应急储备的方法，包括如何创建、管理应急储备，以及应急储备如何随着项目进展而变化。

- 风险评估。评估项目风险登记册中可能影响项目估算的风险，以及如何管理这些风险。

- 管理和监督过程。记录管理估算的计划、重新预测估算的时间和方法，以及监控估算和实际值的方法。这一过程包括收集和报告度量指标的方法，以及挣值分析（如适用）的使用。
- 改进过程。记录将获取和利用的经验教训、实际成本和改进项目估算过程的方法。

一旦选择了项目估算方法，最好与团队成员和主题专家分享，并获得关键项目干系人的批准。即使这些人员可能已经帮助选择了方法，审查也会验证沟通，并有助于设定估算内容、演进式估算的含义以及估算过程将如何演变的预期。这一做法还会增强主人翁意识，有意或无意地激励团队成员更加努力地工作，以达到估算目标。

◆ 估算信息。在准备估算时收集相关信息以备在创建估算阶段使用（见第 4 章）。

3.2.3 考虑因素

图 3-2 描述了成本估算者在准备估算阶段通常面临的挑战和可用的使能因素。

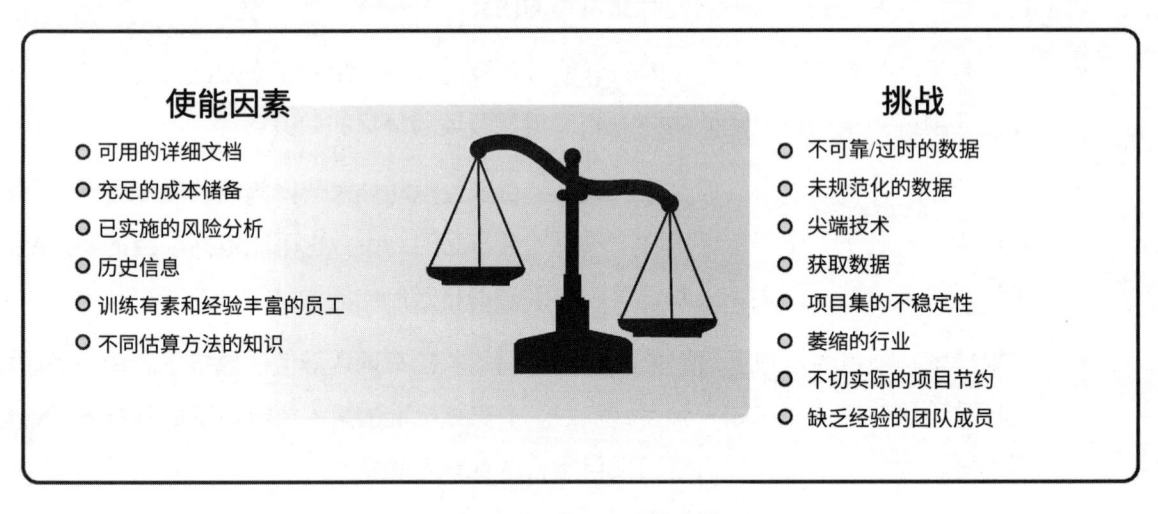

使能因素
- 可用的详细文档
- 充足的成本储备
- 已实施的风险分析
- 历史信息
- 训练有素和经验丰富的员工
- 不同估算方法的知识

挑战
- 不可靠/过时的数据
- 未规范化的数据
- 尖端技术
- 获取数据
- 项目集的不稳定性
- 萎缩的行业
- 不切实际的项目节约
- 缺乏经验的团队成员

图 3-2　成本估算者面临的使能因素和挑战

项目团队在为准备估算阶段做准备工作时应考虑以下事项（见图 3-1）：

- **分配合理的时间**。项目估算过程需要时间来正确规划。项目通常根据早期项目估算的承诺进行，因此花适当的时间规划估算是很重要的。由于能够提高准确性，应把这一时间当作投资来看待。

- **适当的干系人期望管理**。如第 2.5 节所述，在项目过程中，已知信息和据此所做估算的置信水平及置信区间都会发生变化。因此，项目经理应在项目早期与干系人和发起人设定期望值，并随着估算的演进在项目过程中适当管理期望值，这一点非常重要。

  在项目的早期有许多未知因素，因此，项目估算可以提供较宽的置信区间（见图 2-5）并带有许多假设条件。在整个项目生命周期中，渐进明细会使估算更加准确。类似项目的最新历史信息非常重要，因为它包含了有关在类似活动上花费的实际时间、资源和资金的宝贵数据。重要的是，要向干系人解释这一点，并向他们提供关于何时可以获得信息，以及何时可以预期更高的估算置信水平的想法。未能管理针对早期项目估算的期望可能导致干系人对项目的承诺有不同的理解。由于对成本、资源、活动或进度估算的多种解释，可能导致阻力。

- **对准确度的错误认识**。早期的估算通常涉及很多假设条件。然而，有时项目估算技术会得出非常具体的数字。这可能给人一种印象：在项目估算阶段，准确度或置信水平比执行阶段高。项目经理应该考虑将数字舍入到更高的位数，并提供早期项目估算的区间。

- **适应型（敏捷）项目估算**。类似的估算和相关的管理活动可以应用于适应型或敏捷项目。此类项目还依赖于在整个项目生命周期内的人力投入、成本、资源和进度估算与重新估算。由于更短的重复周期和迭代的性质，在适应型项目生命周期中，会更频繁地应用这些概念。应尽早识别和解决项目问题，并从同一项目此前的迭代中学习是估算管理的关键要素。

- **项目集估算**。本段详细介绍了如何在项目集管理中管理人力投入、成本、资源和进度的估算。类似的活动可以应用于更高和更广层级的项目集。一个项目集内不同项目进度的估算可以合并，以用作估算和更新项目集路线图的输入，尤其是当项目集不同组件的进度因重新估算而发生变化时。类似地，项目集的一个组件的变更可能导致分配给该项目集和同一项目集中其他组件的资源类型或数量的变更。因此，成本也可能需要重新估算。此外，需要对项目集收益进行持续估算和测量。

- **项目组合估算**。由于项目组合可能由不同的项目、项目集和运营活动组成，因此这些组成部分的任何估算变更都将对其所属的项目组合在路线图、预算或价值方面产生影响。需要对项目组合的价值进行估算并持续测量和监控，以确保组织获得其投资价值的最大化并遵循战略计划。也可以使用类似的项目组合类型或项目类别的行业标杆来验证项目组合层级的估算。

- **动态资源分配**。资源可用性是根据某个时间点来衡量的，并可能由于各种原因发生变化：市场压力、组织优先级的变化或人员编制的减少。还应评估管理层对于为项目或项目集分配所需资源的承诺力度。如果此类资源变得不可用，需考虑应急储备。

- **增加的外部资源**。项目和项目集可能配备组织的内部资源、外部资源（如承包商/顾问）或某种组合。外部资源可能带来组织所缺乏的技能或能力，也可能用于填补内部资源不足所带来的空缺。成本和进度估算应考虑外部资源的入职过程，包括入职培训、新用户设置、公司政策培训和计算机设备采购等活动。

- **项目组合/项目集共享资源**。项目组合和项目集中的组件可能共享类似的资源。项目集中任何项目的变更都可能导致分配给同一项目集的不同组件的资源发生变更。本场景的一个例子是，一个项目延期并导致一些资源延期释放，可能导致项目集中的另一个项目延期启动（如果该项目的启动依赖于延期项目所占用的关键资源）。因此，项目集经理可能对项目集路线图进行变更，并变更项目集中不同项目的资源分配。本场景的另一个例子是，一个项目的支出可能不足，从而产生了显著的"节约"，这可能导致在项目组合中把其他潜在的优先级较低的项目包含进来。

还应考虑以下基于项目估算并与之相关的活动：

◆ **应急储备**。在进度或成本基准范围内，为主动应对已知风险而分配的时间或资金。应根据风险分析和创建估算时的可用信息，将应急储备添加至这些估算。

◆ **组织预算和分配**。组织预算的规划通常包括项目资金和项目收入。虽然这些通常基于项目估算，但适用于组织特定的间接费用（如公司间接费用、管理、房地产和税收）标准。

◆ **供应商投标分析**。组织通常使用内部或外部的独立评估来进行建议书分析。

3.3 案例研究

有关制造自行车的估算方法的相关信息，请参考附录 X3。

3.4 小结

在估算生命周期的准备估算阶段，确定了项目估算方法，并概述了项目目标。在这一阶段，应考虑如何使用技术、OPA 和专家来对项目进行估算，并在估算工作之前将它们加以组合。准备估算阶段还记录了需要考虑的任何制约因素和假设条件，并为管理提供了一个特定的置信水平。关键项目和历史信息的收集，可以作为下一阶段创建估算的输入。

第 4 章

创建估算

本章介绍项目估算过程的创建估算阶段。创建估算的目标是考虑来自其他阶段的输入，应用估算技术，以已知的准确度水平交付项目估算。如果项目是项目组合或项目集的一个组件，它可能对整个组织产生影响，在创建和修改估算时应考虑到这一点（有关三种估算技术类别的更多详细信息，请参阅第 2 章的图 2-3）。附录 X3 包含了应用这些技术的详细示例，包括案例研究。

本章包含以下几节：

4.1 概述

4.2 定量估算技术的使用

4.3 相对估算技术的使用

4.4 定性估算技术的使用

4.5 考虑因素

4.6 案例分析

4.7 小结

4.1 概述

有了在准备估算阶段记录的项目估算方法，现在可以确定估算，如图 4-1 所示。许多不同类型的技术可用于创建估算。在实用且有效的情况下，建议应用一种以上的技术。

估算技术分为三类：定量、相对和定性估算。对于有些项目，可能在整个项目生命周期中只使用一种技术，也可能在项目生命周期的不同阶段使用多种技术。

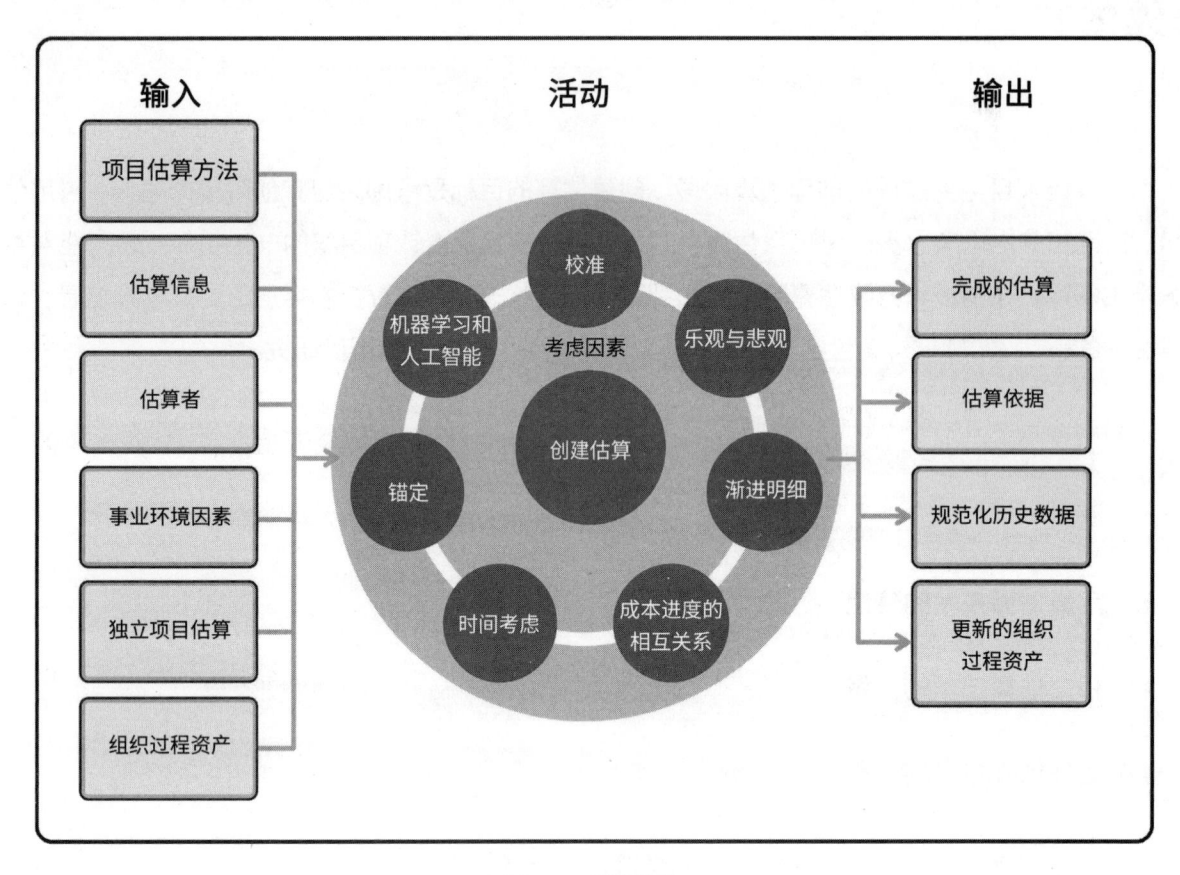

图 4-1 创建估算

在适应型项目方法中，每日进展报告可以降低估算的粗略程度并减轻任何相关风险，因为估算有时在每天或每小时都会得到细化。在这些实践中，期望的是交付价值，而不是花费额外的时间来尝试实现更准确的估算。每类估算技术都会产生其自身的成功使能因素，并且可能具有在该技术中确定的特定考虑因素。有几个适用于所有技术的通用考虑因素，为了可读性和着重强调，在第 4.5 节中记录了这些考虑因素。

图 4-2 突出显示了与已知项目信息相关的定量技术的典型应用，使用 WBS 作为参考基础。

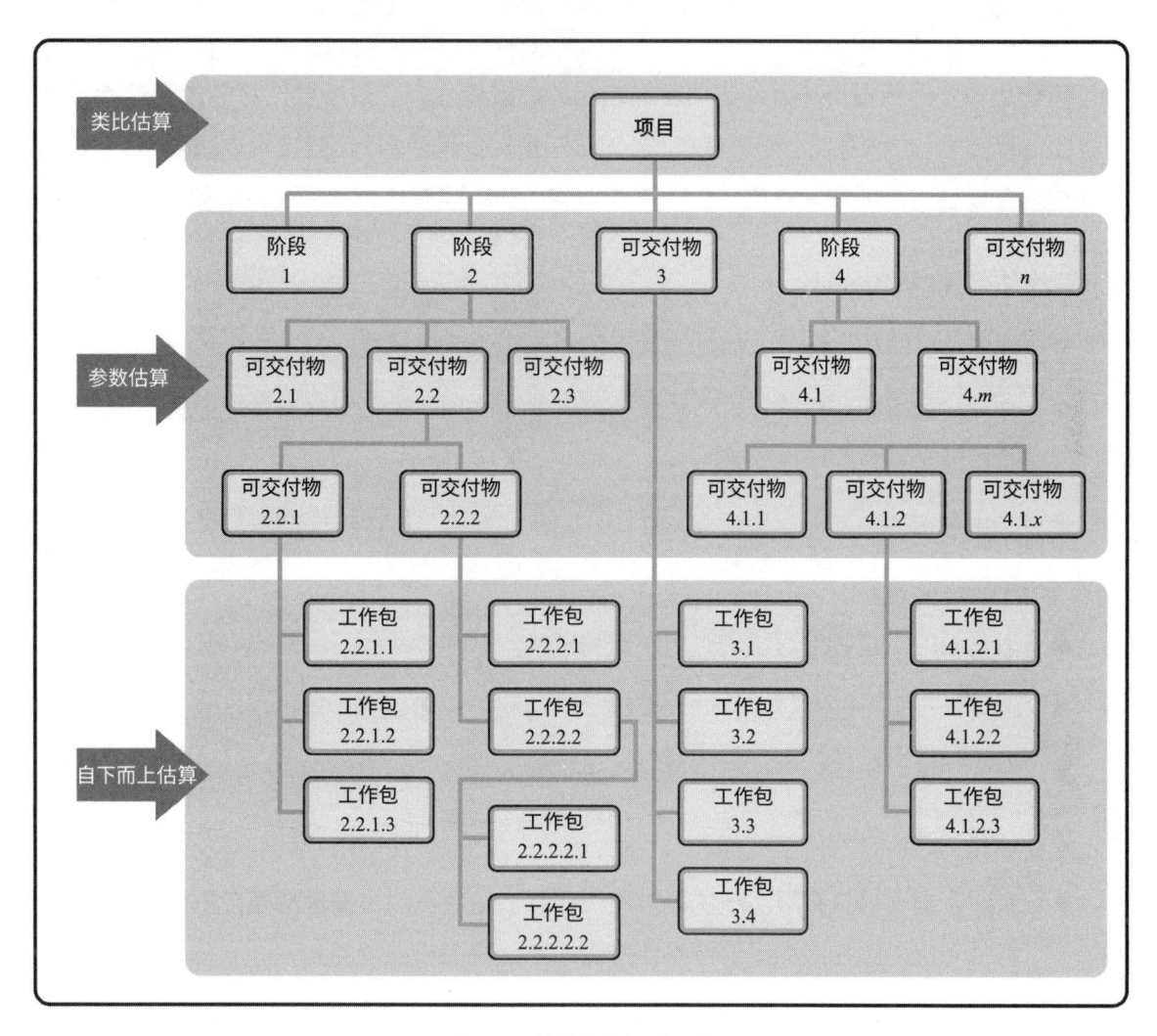

图 4-2　估算的分解或汇总

4.2 定量估算技术的使用

定量估算技术被广泛应用于对人力投入、持续时间或成本的数值估算。这些技术并不适用于所有情况，因为可能无法获得适用的数据、经验或时间。定量估算技术的主要方法有类比估算、参数估算和自下而上估算，下面将对其进行更详细的描述。

4.2.1 类比估算技术

当可用信息较少、新项目与以前的项目非常相似，或者估算者对将要估算的内容非常有经验时，将使用类比估算技术，也称为自上而下估算。当无法获得详细信息时，这些技术更适合用于早期估算。类比估算技术在项目组合中非常常见，其中可能需要用一个项目作为代理来评估整个项目组合。

- ◆ 类比估算技术的优点：
    - 需要最少的项目细节，而且通常实施起来更快、更容易、成本更低。
    - 在项目的早期阶段需要进行成本估算时非常有用。这通常在有关项目的信息很少（如果有）时实施。
    - 聚焦于系统级活动，如整合、文档、配置管理等。系统级活动在其他估算方法中经常被忽略。
    - 通常会得到高级管理层的更多承诺和支持。
    - 通常体现了一些有效的特性，如成本—时间的权衡能力，能提供项目的全局视图。
    - 允许团队在可用时添加新信息以改进早期的估算，并随着项目的推进添加细节。
- ◆ 类比估算技术的缺点：
    - 有时，由于信息有限而产生不准确的估算（从项目组合管理的角度来看，这可能导致在评估和优先级排序期间进行不良投资或淘汰好的投资项目）。
    - 使用不适当的历史示例的风险（为了适应另一项工作，应交叉检查外推数据的适用性，许多项目失败可以指出其根本原因是使用的数据。如有任何疑问，确保识别风险并将此技术与另一种实践平衡使用以减轻风险）。

- 为项目组合或项目集分配更多的应急储备。
- 经常没有识别可能增加成本的低层级问题，有时还忽视低层级的组件。
- 没有提供详细的依据来证明决策或估算的合理性。
- 由于缺乏当前项目的特定细节，加上估算者引入的偏见（无论是乐观的还是悲观的），因此无法为项目设定基准以对其进行监控。

◆ **常见的类比估算技术：**

- 比率估算。这种技术又被称为设备比率或产能因子。这种技术的前提是，项目成本与其可交付物的一个或多个基本特性之间存在线性关系。需要量化并与此模型一起使用的基本可交付特性是物理属性或性能特征。比率或因子可以从通用行业数据、个人经验和/或组织的特定数据导出。以下示例是说明性的，不一定是普遍适用的概念：

  1. 使用一般行业数据进行比率估算的一个示例是建筑项目，其中项目的总成本估算是材料和嵌入式设备成本的两倍。

  2. 比率估算的另一个示例是，系统开发项目的高层级设计成本占项目总成本的30%。其次，人力资源成本可能占建设项目成本的50%，占系统和软件开发项目成本的75%。

  3. 第三个示例（见图4-3）应用了工程工时、直接人工工时和材料成本之间的线性关系。

  比率估算假定产能和成本之间存在线性关系，即两种产能的比率与这些产能的成本之比相同；例如，如果相关产能翻倍，那么成本也会翻倍。

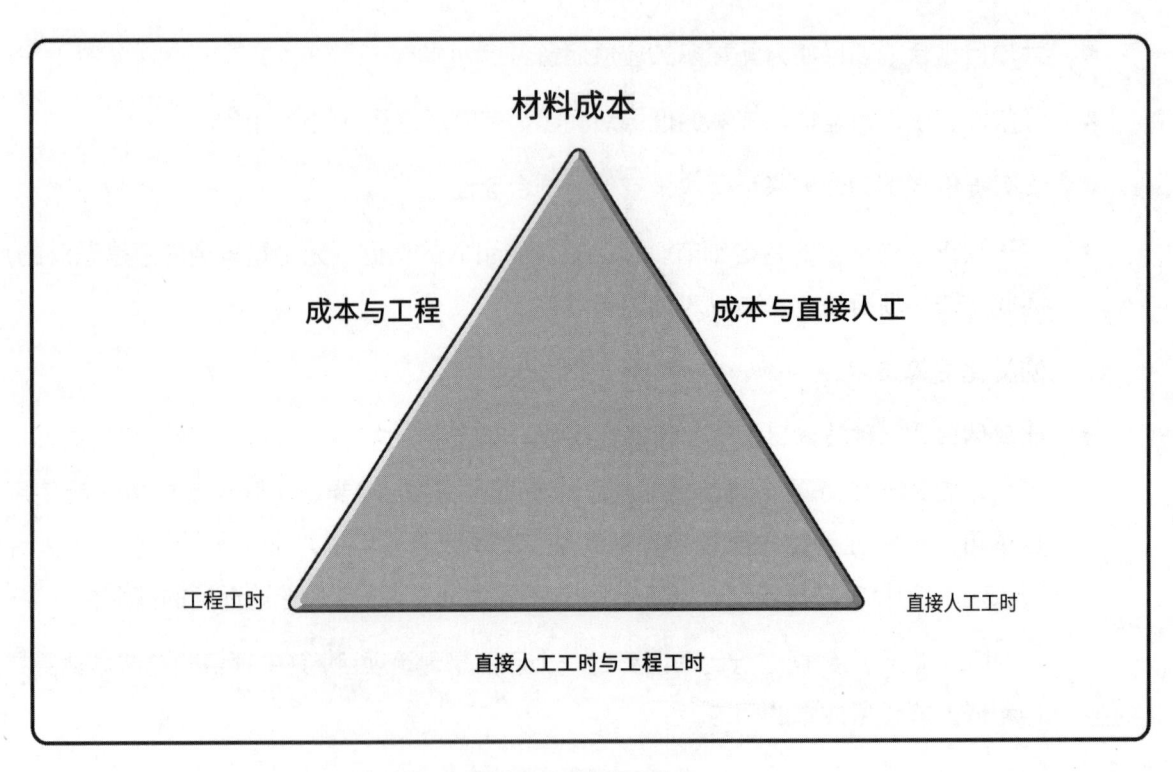

```
                        材料成本


        成本与工程              成本与直接人工




    工程工时                              直接人工工时

              直接人工工时与工程工时
```

图 4-3　估算三角形

- 区间估算。为了提高早期估算的可靠性和可用性，估算者应提供最可能的值，以及项目最终成本的所有可能值的全部区间。这种技术的一个微妙特征是估算的准确性嵌入在估算中。

  例如，项目团队为新图形界面（软件增强）的成本提供以下区间：3 至 8 个资源月，150000 至 320000 美元。

- 三点估算。当单个活动估算存在不确定性时，通过应用乐观估算、悲观估算和最可能估算的平均或加权平均来估算成本或持续时间的技术。这些方法有时被描述为估算技术的独立子类别（见《PMBOK®指南》第 6.4.2.4 节和第 7.2.2.5 节）。然而，最常见的用途是作为一种统计方法，适用于任何定量估算技术，以反映可用数据的内在不确定性，在类比估算中最常见。三点估算的一个例子是，由以下公式所表示的三角分布：$E = (O + ML + P) / 3$ 其中 $E=$ 估算，$O=$ 乐观，$ML=$ 最可能，$P=$ 悲观。

- 计划评审技术（Program Evaluation and Review Technique，PERT）是区间估算技术的一种更复杂的形式。在此技术中，提供了项目成本（或持续时间）或项目各个要素的成本的三个独立值：乐观值、悲观值和最可能值。对于项目或单个要素的成本估算，有了这三个值，就可以为估算增加一定程度的清晰度。这种技术还可用于将一些主观数据规范化，并可调节过于乐观的估算者输入。为了调整可能过于乐观的估算，可以使用历史数据的调整例程。

  PERT 使用统计概率结果来计算基于三个值的加权平均值的预期建议值。它将最可能值按其值的 4 倍加权以增强其重要性。PERT 公式是 $E = (O + 4ML + P)/6$，也称贝塔分布公式。

  前提是，所有的估算都是带有一些不确定性的预测。预期持续时间、工作或成本范围的加权平均值比单一最可能值的估算更能预测结果。项目估算者往往过于乐观。使用 PERT 公式，可以提供统计上更准确的计算结果。该技术的一个例子是，项目经理为开发新的医疗测试设备提供最可能值的估算为 100000 美元。为了正确评估估算，项目经理将强调，根据已识别项目风险的具体情况，最终成本可能在 66000 美元到 210000 美元。

  使用 PERT 公式，其中 O = 66000 美元，P = 210000 美元，ML = 100000 美元，项目经理可以得出 113000 美元的 PERT 值。

  悲观值和乐观值之间的范围越大，使用这种技术的价值就越大。

◆ 类比估算技术的输入：

  估算值本质上是近似值；因此，估算置信水平取决于此输入信息的质量和可用性。

  - 项目估算方法。项目估算方法决策或文件确定了关于估算的初始决策，并提供了对改进和偏差的可见性。

  - 估算信息。审查最初收集的估算信息以验证信息质量，并确保它仍然符合为项目工作选择的项目估算方法，这是一种良好实践。如果数据是历史数据，它们应该明确地适应当前的项目、文化和情况，以消除模糊性和假设。

    在进行估算时，数据应以相似的术语和商定的适用于手头工作的术语来表示。成功标准和完成的定义对于确保问题领域中不同方面的估算信息可以相互比较至关重要。

- 估算者。估算是高度个性化的，最好通过让执行工作的人员参与来产生。每个人的工作方式不同，当事人最了解在特定情况下自己的能力，并且最有可能做出最准确的估算。估算者也最有动力实现他们提出的估算。如前所述，这种情况的风险在于，如果要测量估算者是否实现了他或她提出的建议估算，他或她会对估算进行修正，以给自己一个合适的误差幅度。

  在分配给活动的实际人力资源缺席的情况下，熟悉正在执行的工作的人员可以提供所需的估算。但在这种情况下，风险会增加，准确性会降低。如果没有其他选项可用，项目团队可以调整估算以考虑资源差异。

  变更驱动的项目生命周期（迭代型、增量型和适应型）的一个令人信服的论点是，通过与立即或在不久的将来进行工作的人员一起及时进行估算，可提高估算的准确性。虽然个人可能非常有经验，但他可能没有估算其工作的经验，并且可能需要得到指导或使用相关的估算技术。

- EEF 和 OPA 的影响。EEF 严重影响估算的质量和准确性。OPA（如估算工具、技术、程序或模型）在使用时应予以识别。估算数据库、生产力指标和/或已发布的商业信息可能可用，它们可能影响、加速或协助创建估算。

- 独立的项目估算。在某些行业和高度监管的环境中，需要由独立（目标）方创建的独立项目估算。但是，可能不要求独立（目标）方使用相同的方法论、经验或工作文化。这可能导致与项目团队估算的方法论有很大不同。项目团队应了解这些估算依据，并努力使两者规范化，以便优化独立估算的使用。

◆ 类比估算技术的输出：

- 完成估算。对活动持续时间、活动资源和成本的估算是创建估算阶段的关键输出。建议值是对项目结果的预测，而不是确定值。因此，所有估算及其相关文件都是动态的，并在整个项目生命周期内进行管理。

- 估算依据。估算的支持细节的数量和类型因应用领域而异。无论详细程度如何，支持文档都对如何得出估算提供了清晰且完整的理解。这可以包括所做的假设、使用的因子/单位或比较信息。还应包括对假设日志中的风险和事项的识别。

- 规范化的历史数据。一个好的估算过程应该包括审查从其他项目中吸取的经验教训和记录的时间。通过利用经验教训中的信息，可提高识别问题的准确性，量化问题发生的可能性及其影响的严重性，从而改进项目期间的估算和其他估算。当项目具有可扩展性时，从经验教训中调整信息是一个重要的效率工具。此信息有助于当前迭代和项目的成功，尤其是在嵌入项目组合或项目集时。

  需要根据建议的项目与为模型提供基础的项目之间的差异进行调整。要考虑的规范化因素有：项目完成时间、项目执行地点、生产力指标的变化、质量指标和最终的特定产品特征。

◆ 类比估算考虑因素。项目组合或项目集中的项目需要与这些估算期望和估算值的可追溯性保持一致。项目估算将汇总至项目组合或项目集的总估算中，因此对总体估算有重大影响。

  在进行估算时，数据应以类似的方式表达。这通常是通过根据标准化单位指定数据来实现的，例如给定年份中给定货币的成本、相对于给定基准的人力投入和效率等。考虑通货膨胀是成本估算的重要步骤。如果出现错误或通货膨胀的数额不正确，可能导致成本超支。

4.2.2 参数估算技术

参数估算技术旨在提供一些数学方程来执行估算。参数估算基于非常相似项目的历史信息，但需要通过识别过去项目的单位/成本持续时间，并将信息缩放到当前项目所需的单位数量来考虑规模差异。参数估算比类比估算更准确、更可靠，但前提是，用于计算估算的变量之间存在统计关系。估算的结果可以是确定性的，也可以是概率性的（见图4-4）。

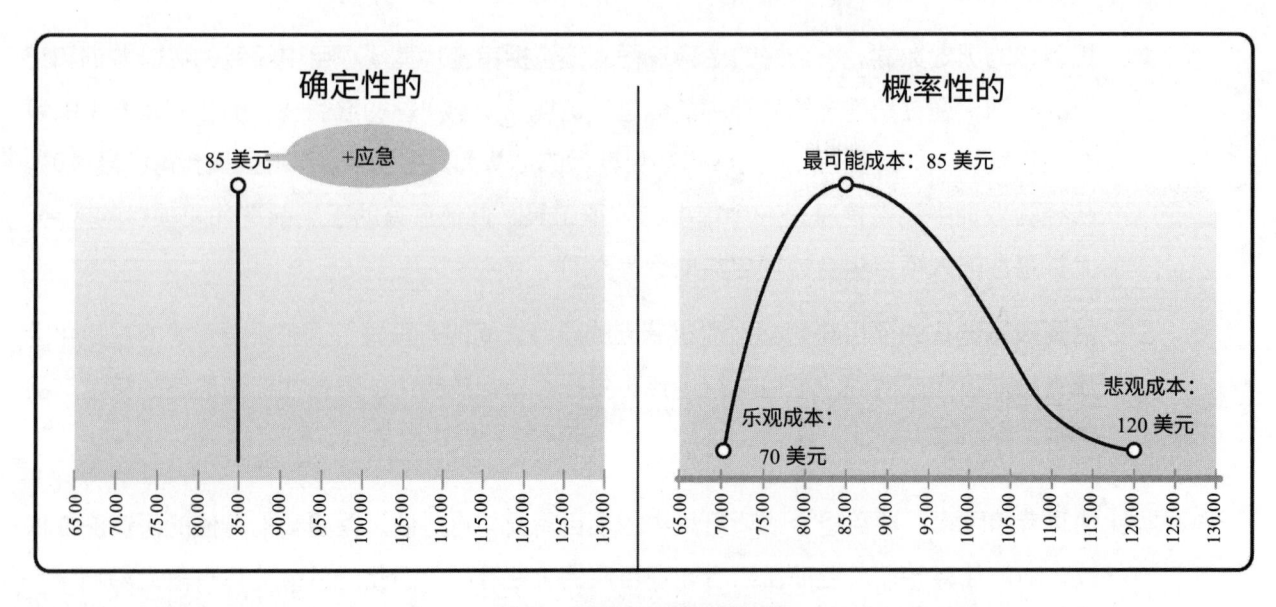

图 4-4 确定性与概率性估算

项目估算依赖近乎实时的最准确信息。产生更准确估算的技术通常需要更详细的和更多的信息，并且需要更多的开发时间，由于项目成本的增加，通常会降低项目的整体价值。滚动式和变更驱动式项目生命周期预先使用较少的细节，以便在非常早期的阶段对项目进行快速和粗略的估算。细化发生在工作接近完成时。

活动持续时间或成本可以通过将要执行的工作量乘以该工作的历史持续时间或成本来定量确定。例如，一名工人可能需要 4 小时才能挖出一条 3 英尺深、10 英尺长的沟渠。使用相同的资源，挖一条 20 英尺长的相同深度的沟渠需要 8 小时。将其应用于成本估算：如果该资源的人工费率为每小时 30 美元，则挖一条 20 英尺长的沟渠的人工成本为 240 美元。

构成计算基础的数据、计算中使用的公式及模型更新的方式通常是组织专有的。环境、技术复杂性或项目风险等因素也可应用于总体估算。

在使用参数估算技术时,由估算者录入相关输入(这些输入因模型而异)。然后,该模型将输出项目的成本、进度和资源值(输出也因模型而异)。

参数估算技术比总体层级估算技术需要更多的人力投入,并且可以在滚动式或即时规划实践中使用,而不是在项目开始时使用。

- ◆ **参数估算技术的优点:**
    - 比类比估算技术更准确和更可靠,还易于产生;
    - 可获得高级管理层的更多承诺和支持;
    - 可为许多不同的项目创建估算;
    - 更多的估算者信任这种方法,因为它经过内部测试,可以根据组织环境计算劳动力或设备的产能。

- ◆ **参数估算技术的缺点:**
    - 比类比估算技术需要更多的时间、人力投入和成本来实施;
    - 要求以产生参数估算为基准的项目和任务之间具有相似性;
    - 难以调整项目之间的差异(如环境、政治和文化差异);
    - 难以根据参数基准对每个成本或项目事件进行定量估算。

- ◆ **参数估算技术的输入。** 参数估算所需的数据和信息明显大于类比估算所需的数据和信息。这些数学方程基于经过验证的专业知识、研究和特定行业的历史数据[例如,软件开发中的源代码行(Source Lines of Code,SLOC)和每平方米建筑成本,并与组织特定的标准相结合,以行业特定的标准为基准。

- ◆ **参数估算技术的输出。** 参数估算技术使用历史数据与其他变量(如建筑中的平方米)之间的统计关系来计算详细的活动持续时间估算、成本估算和/或资源估算。

- ◆ **参数估算技术的考虑因素。** 在可以轻松有效地获取大量准确数据的环境中,如果考虑上述成功使能因素,参数估算可能是最有效和最准确的。

4.2.3 自下而上估算技术

自下而上估算技术也被称为确定性或详细估算，可用作在获得详细项目数据时估算成本和资源需求的首选估算工具。使用这种技术，可以估算项目每个组件的每个资源的支出，并作为将这些估算汇总至 WBS 和整个项目的更高层级的"前奏"。该技术将为可跟踪和可管理的项目提供透明且结构化的估算。

自下而上估算技术被认为可以产生最准确和最可靠的估算，因此也被称为确定性估算。自下而上估算的先决条件是详细的 WBS、活动清单和项目资源的综合目录。

项目估算来自项目所有单个构成组件的详细估算的汇总。使用自下而上估算技术，可以对项目进行逐个资源的详细估算。逐个资源估算的众多优点之一是，当项目受到资源短缺的限制，或者相反，受到客户要求缩短项目持续时间的限制时，它为知情变更管理奠定了基础。使用自下而上估算技术，可估算每个组件的成本，并将结果组合起来，从而得出整个项目的估算成本。该技术旨在通过对小组件及与其相互作用的知识加以积累来构建系统的估算。

该过程首先确定需要哪些资源来实施 WBS 的特定最低层级元素，也被称为工作包（见图 4-2）。在某些行业中，某些资源没有作为资源分配或估算的一部分被明确提及。在这种情况下，无论资金来源和支付机制如何，都建议列出所需的所有资源。资源清单可以包括所有成本、劳动力，以及其他资产，包括材料、嵌入式设备、用品、设施或实施工具。

总之，对于既定项目，需要以下不同类型的资源：

◆ 人力资源或劳动力；

◆ 工人的工具、设施和设备；

◆ 嵌入式材料和设备；

◆ 执照、费用、保证金、许可证和保险。

估算者通过资源列表将所需资源分配给每个工作包。对于每个资源，估算者提供一项功能的最优工作人员人数，以及工作人员完成工作包所需的特定活动所需的最优时间量。例如，一个工作包可能需要 3 名程序员（紧张工作）工作 5 天（持续时间）和 7 名电气工程师工作 1 天。然后，通过将资源的工作强度、持续时间与单价的乘积相加来计算工作包的成本。

将资源估算、使用的持续时间和这些资源的成本汇总至 WBS 的中间层级，并最终汇总至 WBS 的顶部，这将为整个项目的每个资源提供逐个资源的利用估算和成本。

- ◆ **自下而上估算技术的优点：**
    - ■ 允许项目团队成员估算他们直接负责的工作。
    - ■ 更稳定，因为有机会对各个组件中的估算误差进行平衡。
    - ■ 如果所需的估算输入信息可用，则它可能是最准确的技术。
- ◆ **自下而上估算技术的缺点：**
    - ■ 可能忽略许多系统级成本（整合、配置管理、质量保证等），因为它只关注 WBS 活动列表。
    - ■ 如果没有必要的信息，其结果可能不准确，尤其是在项目的早期阶段，或者如果存在隐藏的假设条件。
    - ■ 往往更耗费时间和资源。当时间或人员有限时，则可能不可行。
- ◆ **自下而上估算技术的输入。** 自下而上的估算需要在其他估算技术中使用的信息。完成的定量分析及任何历史、回顾和确定性信息都被认为是对自下而上估算技术特别有价值的输入。详细的范围定义和进度计划也可用作输入。
- ◆ **自下而上估算技术的输出。** 活动持续时间估算、活动资源估算和成本估算都是创建估算阶段的关键输出。建议值是对项目结果的预测，而不是确定值。这是一个持续的过程，在整个项目生命周期中都受到管理和控制。

    估算的支持细节的数量和类型因应用领域而异。无论详细程度如何，支持文档都对如何得出估算值提供了清晰而完整的理解。这可以包括所做的假设、使用的因子/单位或比较信息。

- ◆ **自下而上估算技术的考虑因素。** 自下而上的估算需要时间。在某些环境中，变化的速度可能使这种技术产生不可接受的风险，因为它会交付过时的产品，并让人们接受有竞争力的替代品。在这种情况下，自上而下的技术用于提供高层级的估算，然后使用滚动式规划来合并已获知的新信息，随着项目的进展，进一步细化估算并渐进明细更多细节。这种对风险的接受使项目团队能够向前推进并更快地对市场需求和逆境做出反应。

4.3 相对估算技术的使用

世界变化的加速导致需要在没有经验、数据或时间的情况下估算结果。许多项目和团队通过应用相对估算技术取得了巨大成功。相对估算技术利用了人类将事物与其他事物进行比较的能力，并避免了将事物与抽象概念（如美元或天）进行比较的困难。

相对估算技术是高层级的估算技术，它使用当前可用且为进行估算的群体所知的信息。每个团队成员与其他团队成员合作，找到一个共同的项目进行可视化。如果每个人都了解估算单位的比较大小，则该技术非常快速有效。由于这些单位特定于进行估算的团队，因此强烈建议团队使用不寻常的度量单位来区分相对估算技术与其他估算技术。出于这个原因，采用相对估算技术的团队通常使用估算代理物来表示相对尺寸，如 T 恤尺寸、岩石、水桶，或者他们可以同意的几乎任何有尺寸关系的事物。相对估算技术在设计上更为快速（相比传统技术），并在准确性和速度之间刻意加以权衡。那些通常花在估算上的时间现在可花在创造性工作上，这为工作增加了直接价值。三种估算技术类别（见图 2-3）分别是定量估算、相对估算和定性估算，并按创建估算时使用的详细程度进行分类。

T 恤尺寸的使用［特小号（XS）、小号（S）、中号（M）、大号（L）、特大号（XL）、特特大号（XXL）］是考虑相对特征尺寸的另一种方式。非数字单位的一种流行的人工量化使用的是斐波那契数列——以 T 恤为例，XS=1、S = 2、M = 3、L = 5、XL = 8、XXL = 13。其他测量代理包括 NUTS（模糊时间单位）和英尺磅。团队可以创建自己的估算单位。常用的相对估算方法是亲和分组和计划扑克。

- ◆ 相对估算技术的优点：
    - ■ 简单、容易且成本最低的实施技术；
    - ■ 适用于无法获得详细信息的情况，因此，与详细的项目管理相比，它可以为项目组合管理增加更多价值；
    - ■ 允许团队为估算工作做出更多贡献，因为团队成员更愿意提供估算的比较，而不是提供确定的数字；
    - ■ 使用非数字估算单位可防止管理层在无意中将估算视为在特定时间交付的坚定承诺。

- ◆ 相对估算技术的缺点：
    - ■ 可能产生无法与其他项目或工作相比的估算；
    - ■ 可能难以应用于估算项目中高度复杂的任务；
    - ■ 团队成员可能不了解正在完成的工作的财务价值及其对盈利能力的影响。

- **常见的相对估算技术**。相对估算技术是一种将一个项目与另一个项目或其相关性进行比较的技术，虽然具有高度主观性，但在给定情况下可使团队估算工作具有更高的准确性。以下是一些常见的相对估算技术：

    - 亲和分组。当团队需要估算的事项数量很多时，使用亲和分组技术，团队成员只需将他们认为规模相同的事项分在一组。规模可能意味着人力投入、时间、价值或团队同意使用的任何其他测量标准。这种方法简单、快速，可供没有经验和有经验的团队成员使用。引导者（或项目经理）一步一步地帮助团队进行工作以找到共同点（见图 4-5）：

        ○ 步骤 1——将要估算的第一个事项读给团队成员并移到可视位置（通常为墙壁）。

        ○ 步骤 2——读第二个事项，询问团队是否比第一个事项小或大；事项在墙上的位置与团队的反应相对应（右侧较大，左侧较小）。

        ○ 步骤 3——读第三个事项，询问团队是否比第一个事项和/或第二个事项小或大；将该事项放在墙上相应的放置。

        ○ 步骤 4——然后将控制权移交给团队以完成其余事项的亲和分组。

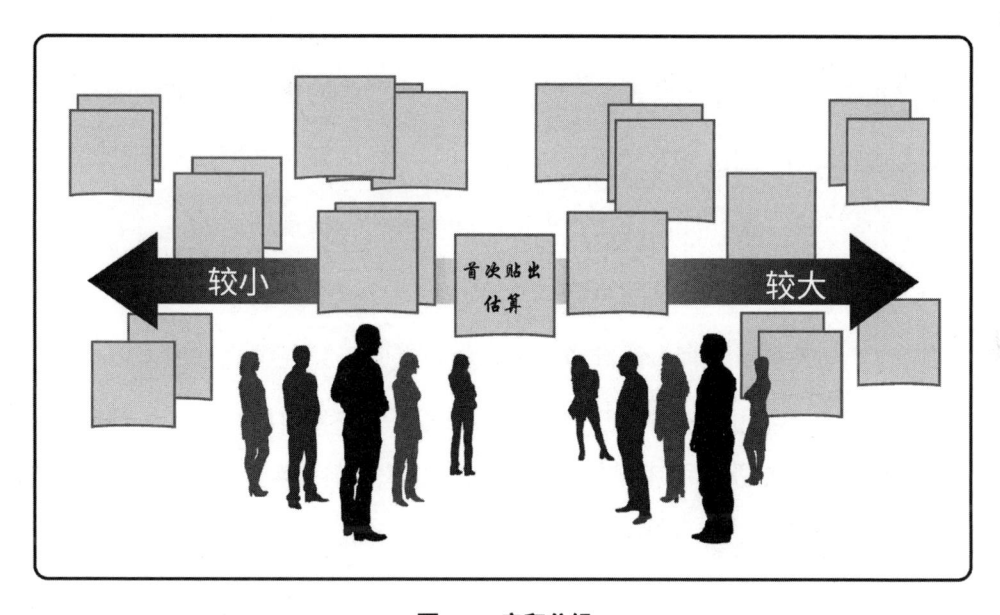

图 4-5 亲和分组

团队可以选择以同样的方式继续，在小组讨论后一次将一个事项放在墙上。更快的方法是，让每个团队成员根据自己的最佳理解选择一个事项并将其放在墙上。这是在所有团队成员并行工作的情况下完成的，直到所有事项都被评估并放在墙上。这可以在相对较短的时间内估算数百个事项。一旦所有事项都在墙上，团队将审查分组。如果团队成员认为有些项目被错误地分组，将在适当的时候对其进行讨论和移动。

一旦完成亲和分组，就可以分配估算单元值。建议团队在时间允许的情况下评估分组，并确定哪些识别因素将导致一个事项比另一个事项更有价值。团队开发的类别/加权值是项目组合管理要充分利用的重要战略 EEF。

- 计划扑克。计划扑克是一种常见的适应型/敏捷估算技术，也可用于其他类型的生命周期。计划扑克通常使用修改后的斐波那契数列来为特性、史诗故事、用户故事或待办事项分配点值。

  这些点值用一副扑克牌表示（见图 4-6）。玩计划扑克的团队成员以每个事项的点值的形式提供估算。扑克上的数字代表团队确定的值，以表明人力投入的规模。计划扑克的步骤是：

  - 步骤 1——每个团队都有一副扑克牌，其代表的规模可能对该团队是唯一的。
  - 步骤 2——团队之外的感知负责人（不进行估算）向团队展示要估算的事项。
  - 步骤 3——团队成员向负责人提出问题并讨论该事项。
  - 步骤 4——每个团队成员在私下选择一张代表其估算的扑克牌。
  - 步骤 5——当所有人都准备好后，所有选中的扑克牌同时被展示。
  - 步骤 6——如果所有团队成员都选择了同一张扑克牌，那么该值就是估算值。扑克牌通常会有所不同，因此团队会讨论估算值，重点放在离群值上。目的是了解个人为什么选择了更高或更低的值。
  - 步骤 7——请选择最低值的团队成员解释选择该值的原因。
  - 步骤 8——请选择最高值的团队成员解释选择该值的原因。
  - 步骤 9——请每个团队成员根据新知识重新选择一个代表其估算的值。这将一直持续到估算收敛。
  - 步骤 10——如果出现冗长的讨论，团队成员可以使用计时器对讨论进行时间限制，每次计时结束时重新选择。这将一直持续到估算收敛。
  - 步骤 11——对每个要估算的事项重复这些步骤。

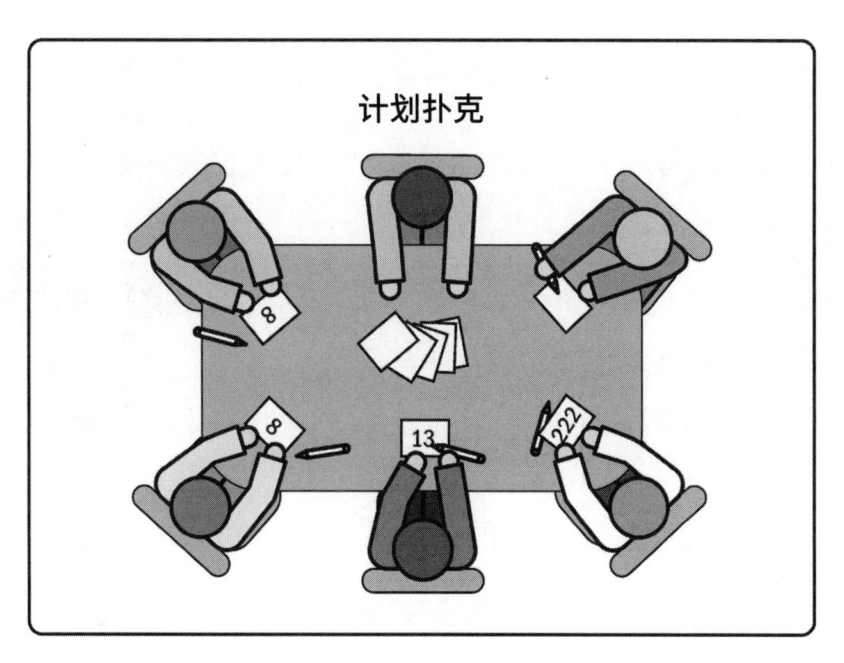

图 4-6 计划扑克

就像前面提到的非数字的值一样，使用斐波那契数列有几个原因。首先，有这样一种观念，即一旦团队不再将时间作为估算基础，他们就不太可能要求更多的细节和补充估算。团队通常在每个事项上花费大约 2 分钟的时间，允许其在 1 小时内估算有 30 个事项的待办事项列表。限制选择是个良好实践，因为这会加快过程。

该数列还为较小且易于理解的特性提供了正确的细节水平，同时避免了对更高层级估算准确性的错误感觉。

4.3.1 相对估算技术的输入

相对估算技术很受欢迎，因为除了专注于合作的团队，它几乎不需要输入。或者，应考虑以下内容的适用性和清晰度，以帮助团队快速将估算标准化：

◆ 评估当前团队文化中常用的事项；
◆ 头脑风暴的方法和实践。

4.3.2 相对估算技术的输出

相对估算技术的输出类别类似于其他估算方法的输出。如果组织内缺乏任何标准输出，则表明可能忽略了某些事情，例如：

◆ 使用不寻常的字符来可视化相对规模要素。这很明显地表明，估算并不表示定量或定性过程。使用对象的命名机制是最常用的方法。

◆ 规模参数。团队用来发展他们对事项规模的看法的假设被捕获为风险元素，并被添加至假设日志，以便日后理解所采用的方法。

◆ 更新的假设日志。在相对估算中使用的假设条件应被记录在假设日志中，以确保整个项目的一致性。

4.3.3 相对估算技术的考虑因素

在某个时候，团队将有足够的经验数据来进行估算。教育团队以使其了解使用这些数据进行估算的价值。随着时间的推移，将收集更多的数据点，数据的质量和可用性将得到提高。随着组织的成长和扩张，将传统估算方法与相对估算方法相结合的价值将变得明显并应予以考虑。

领导层应该在相对估算中接受不确定性的概念，以便利用快速创建待完成工作的比较列表和开始工作的效率。这种交付价值的概念是相对估算的核心机会，因为一旦团队认为他们已就基准达成一致，这项工作就开始了。

重要的是，要注意，即使在同一组织中，跨团队的测量值也可能具有不同的含义。例如，一个团队给出的 5 分可能不等于另一个团队给出的 5 分。

4.4 定性估算技术的使用

项目通常具有重要但难以量化的元素。在过程和/或感知至关重要或数据不理想的情况下，定性方法是合适的，并且可以与定量方法结合使用。定性估算依赖于对个人或群体所感知的过程、行为和条件的理解。例如，人们认为一个项目会如何影响人们的生活，以及人们认为培训计划会如何影响学习。定性评估可以快速进行，并且通常使用与相对估算相同的术语。定性估算生成文本（非数字）估算，范围从非结构化到半结构化技术。定性分析使用基于不可量化信息的主观判断，如图 4-7 所示。

图 4-7 定量与定性方法

定性估算的目的与定量估算的目的不同，它通过大量收集叙述性数据来解释和获得洞察，并理解现象。

定性估算的主要方法是焦点小组、专家判断、访谈和观察。

◆ **定性估算技术的优点：**

- 不要求团队成员接受估算实践的培训。
- 可以根据高级管理人员和外部专家的经验和判断来预测未来的变化。
- 为管理层提供使用非数值数据源所需的灵活性，如经验丰富的经理、专业人士和行业专家的直觉及判断。
- 当数据不明确或不足时很有用（例如，没有任何历史数据的新软件）。

◆ **定性估算技术的缺点：**

- 需要大量人群才能达成统计学上的准确。
- 可以是主观的。

- 允许锚定事件，估算者允许最近的事件影响对未来事件的看法。

- 允许选择性感知，因为估算者会忽略可能与他们对未来将如何发展的看法相冲突的相关信息。

◆ **常见的定性估算技术。** 定性估算技术通常使用不易简化为数字的定性数据，具有主观性，并且依赖于估算者的经验。根据估算事项的性质，使用这些技术有时是必要的，并且当定量估算是可行的选择时，通常更快且更省力。使用这些技术时需要了解背景、人员和相互作用，如下所述：

- 专家判断。专家判断被定义为基于应用领域、知识领域、学科、行业等方面的专业知识提供的判断，适用于正在执行的活动。任何具有专业教育、知识、技能、经验或培训的群体或个人都可以提供此类专业知识。

- 观察。在观察者参与或不参与的情况下，基于观察的估算使用被观察群体的隐性知识。

- 访谈。访谈是一种正式或非正式的方法，通过直接与干系人交谈来从他们那里获取信息。收集到的信息可用于形成对估算的共同理解。

- 调查。调查包括一组书面问题，旨在快速从大量受访者那里获取积累的信息。收集到的信息可用于形成对估算的共同理解。

4.4.1 定性估算技术的输入

定性估算技术的输入是联系人数据库、调查结果、访谈笔记和记录的观察结果。

4.4.2 定性估算技术的输出

这种技术的输出是：

◆ 估算；

◆ 更新的假设日志；

◆ 更新的基准。

4.4.3 定性估算技术的考虑因素

在给定的情境中，对于所提出的问题，做出或中断定性估算取决于对单个词的解释。对于预算较少的项目，进行调查或个人访谈是一个有吸引力的选择。然而，数据的质量可能不支持这些举措，并且高度依赖于对收集到的主要数据的解释。

对比数据集大得多的受项目成果影响的人群进行的调查或访谈具有重要价值。当较小的人群由较大的样本代表时，数据的可靠性会随着数据量的增加而显著增加。

初始数据和在估算中解释这些数据的结果对于验证其他估算技术可能很有价值。

在许多领域，相对估算技术也被不准确地视为定性估算技术。定性估算技术使用叙述性数据，而相对估算技术要比较估算对象和商定基准之间的值。此外，定量估算的结果可以用作相对估算技术的输入。

4.5 考虑因素

4.5.1 校准

校准是确定与标准的偏差以计算校正因子的过程。对于成本估算模型，该标准被视为历史实际成本。校准程序在理论上非常简单，涉及使用正常输入（已知参数，如软件代码行）对实际成本已知的项目运行模型。然后将这些估算与实际成本进行比较。平均偏差成为模型的校正因子。获得的校正因子仅适用于校准运行中使用的输入类型。对于一般的整体模型校准，应使用各种具有实际成本的组件。在理想情况下，应该对不同类型的组件进行多次校准，以获得针对各种可能的预期估算情况的一组校正因子。

4.5.2 估算中的乐观和悲观

创建现实的估算可能具有挑战性。乐观和悲观是人性固有的，会导致锚定偏差和错误估算。如果最初未在估算中考虑，返工通常会影响项目承诺。乐观和悲观的原因有很多，包括：

- ◆ 经验可能在不经意间引起夸大；
- ◆ 个人和商业利益；
- ◆ 干系人期望；
- ◆ 管理压力；
- ◆ 制约因素（如截止日期、财务限制、资源可用性）；
- ◆ 伦理道德问题；
- ◆ 组织文化。

当项目团队成员估算每个工作包的持续时间时，他们通常会增加一些时间以作为对意外问题风险的缓冲（虽然故意高估的做法——沙袋——被非正式地谴责和正式否认，但它与缓冲具有相同的效果，因此没有单独处理）。结果是由于复合效应而导致进度计划的缓冲过大，尽管在正常情况下，应该将其消除以制订真实情况的进度计划。因此，乐观和悲观偏差会对给定估算的准确性产生深远的影响，如图 4-8 所示。

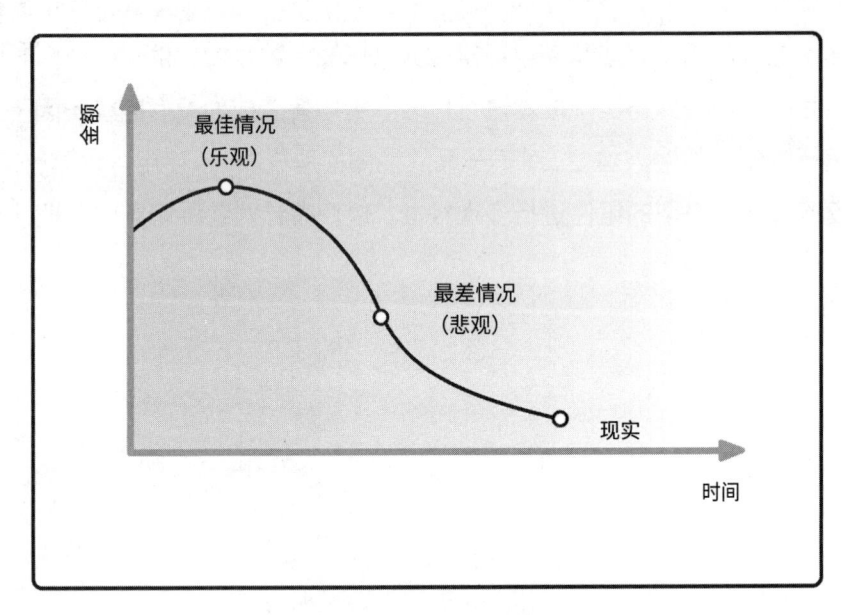

图 4-8 缓冲和沙袋效应

4.5.3 估算的渐进明细

在估算任何工作包、活动、用户故事或任务所需的工作量时，重要的是要认识到，作为一门学科，估算可以随着时间的推移而得到显著改进。对于项目团队来说，调整估算以证明客户、营销或管理目标的合理性，而不是以客观的方式准备估算，这是一个常见的严重错误。

应在项目期间对估算进行细化，以反映可用的其他详细信息。随着项目在整个项目生命周期中的进展，项目估算的准确性将得到提高。因此，即使未有意应用变更驱动的（适应型/敏捷）规划实践，项目估算也会变成一个迭代过程。

在敏捷项目中，速度是渐进明细估算的一个因素。速度是用来测量每次迭代或在任何其他预定义时间段内完成的工作量的度量指标。它应该被调整以考虑学习曲线的影响，并且应是团队的参考框架。该度量指标是通过计算在项目开始之前确定的指定间隔（时间盒）内完成的工作单元数来计算的。在敏捷项目中经常要测量速度。由于仅对已接受的产品授予点数，因此已接受的工作反映了进展的真实测量。如果团队成员对他们正在进行的工作非常了解，他们可以修改他们对完成项目所需时间的估算。

这些估算是项目组合、项目集和项目预算的基础。计划和预算应该是可调整的和可微调的，因此其中任何一个的当前版本都是现实的，并且与修订后的估算保持同步。计划和预算的修订可以在估算周期内的任何时间进行，也可以在制定基准之后进行。如果发生这种情况，则使用变更控制来管理变更。

4.5.4 成本—进度的相互关系

资源和成本的基准估算的制定基于对项目进展的某些假设。项目成本通常受项目持续时间的影响。项目经理应该始终对这样一个事实保持敏感，即项目进度和项目完成的工作量的几乎任何变化都可能引发项目成本的变化。例如，如果由于资源短缺导致需要更长的持续时间，或者由于交付的紧迫性导致需要更短的持续时间，则项目成本可能增加。挣值是用于监督这种关系的一种方法。

4.5.5 时间考虑

如果估算的项目跨越数年，估算者或估算模型应考虑通货膨胀等因素，其中可能包括工资、资源成本和材料。项目估算团队应考虑通胀指数，也应考虑平减指数，因为价格下跌可能使出价失去竞争力。一个项目的时间调整成本是通过乘以通货膨胀率或浮动率来确定的。时间调整成本可再次通过另一个乘数进行调整，以说明两个地点的项目成本差异。例如，人工费率、生产率和工作实践可能因地点而异。时间调整乘数大多大于 1，但地点调整乘数可能大于或小于 1。项目的财务价值也应考虑时间。稍后实现的收入对组织的价值低于立即可用的相同数额的资金。可以通过将净现值应用于所有财务流入估算来适应此特征。应考虑到发起人可以升级和批准任何偏差。

4.5.6 锚定

锚定是一种影响估算质量的认知偏见。锚定（也被称为聚焦）描述了个人在做决策时过度依赖初始信息（被称为锚点）的倾向，这通常是无意识的（见图 4-9）。在决策过程中，当个人使用这一初始信息进行后续判断时，就会发生锚定。

聚焦效应或聚焦错觉是一种认知偏见，当人们过于重视事件的某个方面时就会出现这种偏见。这可能导致在准确预测未来结果的效用时出现错误，并影响人们直观地评估概率的方式。根据这种启发式方法，人们从隐含建议的参考点（锚点）开始，然后进行调整以达到他们的估算。一个人从第一个近似值或锚点开始，然后根据附加信息进行增量调整。这些调整通常是不够的，不足以使初始锚点对未来评估产生很大影响。

靠近锚点的那些值倾向于被它"同化"，而那些远离锚点的值倾向于移向另一个方向。一旦设置了这个锚点的值，所有未来的谈判、争论和估算都将与锚点相关。当使用此锚点解释未来信息时会出现这种偏见。因此，在整个项目中记录和重新审视与估算相关的假设和风险至关重要。教育和锚定意识是避免这种偏见的最佳解决方案。

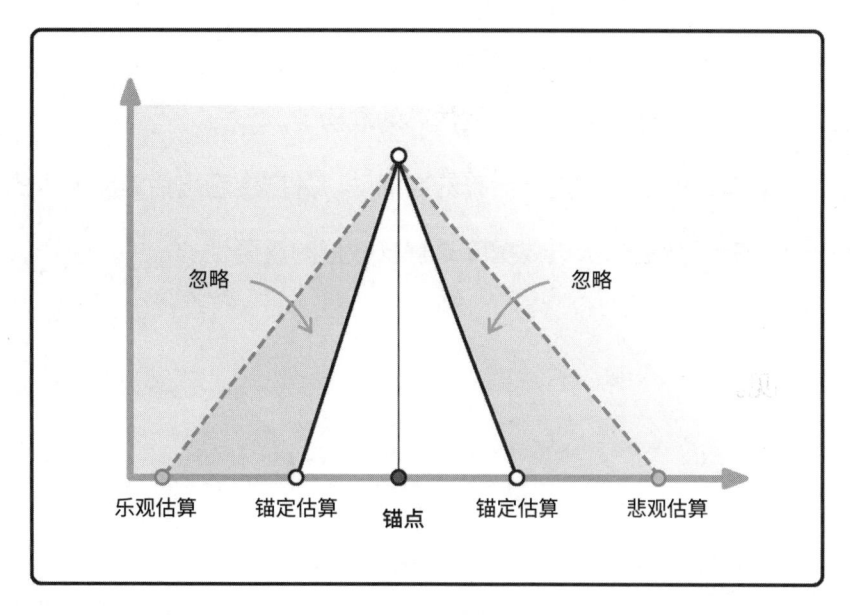

图 4-9 锚定

4.5.7 机器学习和人工智能估算

随着机器学习和人工智能（Artificial Intelligence，AI）的广泛应用，估算从业者将能够利用先进的分析技术和工具，并获得对项目估算的宝贵见解。这仍然是一个不断发展的领域，随着时间的推移，大数据和物联网的概念将使项目从业者能够更有效地执行估算任务。大数据将使估算者能够从更多的数据样本中受益，而物联网将允许项目在当前测量经济的区域和地点部署测量设备。不应将使用机器学习和/或 AI 误解为仅实施信息系统；相反，两者都依赖于适当的知识管理系统。

4.5.8 常见成功因素

无论使用何种技术，都需要考虑的因素是：

◆ 不要依赖单一的成本、价值或进度估算。

◆ 使用多种估算技术或模型，比较结果，并确定任何较大偏差的原因。

- 在进行和更新估算时记录所做出的假设。
- 监督项目以发现错误的假设何时会危及估算的准确性。
- 改进组织过程。有效的过程可提高估算的准确性，并产生超出估算和项目的影响。
- 通过维护一个带有元数据的历史数据库来解释数据的重要性。
- 维护假设日志。
- 识别并消除偏见。
- 良好的计划。
- 适当的沟通。
- 明确的需求和规格。
- 明确的目标和目的。
- 来自高级管理层的支持。
- 有效的项目管理技能/方法论（项目经理）。
- 适当的工具选择。
- 合适的估算技术。
- 公司政策的变化。
- 测试。
- 培训。
- 良好的质量管理。

4.6 案例分析

附录 X3 提供了用于制造自行车和更新项目文件的估算示例。

4.7 小结

项目估算过程预测项目将使用多少资源、项目成本、项目价值及完成项目所需的时间。使用的估算技术可能因分配给估算过程的时间量、估算时可用的信息量、行业、应用领域、复杂性和已识别的风险而异。无论使用何种技术来推导估算值，重要的是，始终都要由执行工作的人员或最熟悉工作的人员进行估算。

各种估算方法（定量、相对和定性）使团队能够选择最适合可用数据和设备及工作环境文化的技术。每种技术都有其细微差别，这些差别可以使成功成为可能。估算可能有很大差异，具体取决于进行估算的项目生命周期阶段及估算过程中使用的工具和技术。因此，即使只使用一种或两种技术，将实际成本和时间与估算值进行比较和验证也很重要。这将提供必要的反馈，以提高当前项目组合、项目集、项目或用于未来工作估算的估算质量。

第 5 章

管理估算

管理估算是指在项目组合、项目集和项目的整个生命周期中适当管理估算的基本输入、活动和输出。本章描述了一种管理从初始估算到已完成的项目组合、项目集和项目的估算的方法，该方法基于与已完成工作相关的实际时间和成本消耗。本章还描述了与完成剩余工作所需人力投入相关的剩余成本和时间的再预测能力。

管理成本、人力投入、时间和资源的估算是一项复杂且相互依赖的工作。随着计划资源的消耗，实际值被记录并与计划值进行比较。应审查与计划的偏差，并决定是否正式修订计划；如果有偏差，则将修订后的估算纳入重新确定基准的计划。

本章包括以下几节：

5.1 概述

5.2 管理估算：生命计划周期

5.3 案例分析

5.4 小结

本章详细介绍了如何在项目管理的背景下管理估算，可以将类似的方法应用于项目组合和项目集管理，因为这两个领域处于更高和更广的层级，并且都包含类似的估算组件。类似的估算和相关的管理活动可以应用于适应型项目生命周期。由于周期较短和迭代较快，适应型生命周期可能会更频繁地应用这些概念。

5.1 概述

项目集或项目经理实际监控项目集或项目的进度、成本和资源及估算，因此管理估算阶段和对项目的监控被认为是一回事。

就本实践标准的目的而言，在管理估算阶段，会将实际消耗量与最新批准的基准进行比较，评估影响，验证并在需要时调整估算（如果偏差是由估算错误而不是项目绩效问题引起的）。永远不应以可以掩盖绩效缺陷的方式进行重新估算。

一旦按照 OPA 和创建估算阶段的定义创建了初始估算，项目经理、项目团队和其他主要干系人就会对这些估算进行管理。这同样适用于项目组合和项目集管理。图 5-1 说明了本章中描述的管理估算阶段的输入和输出。

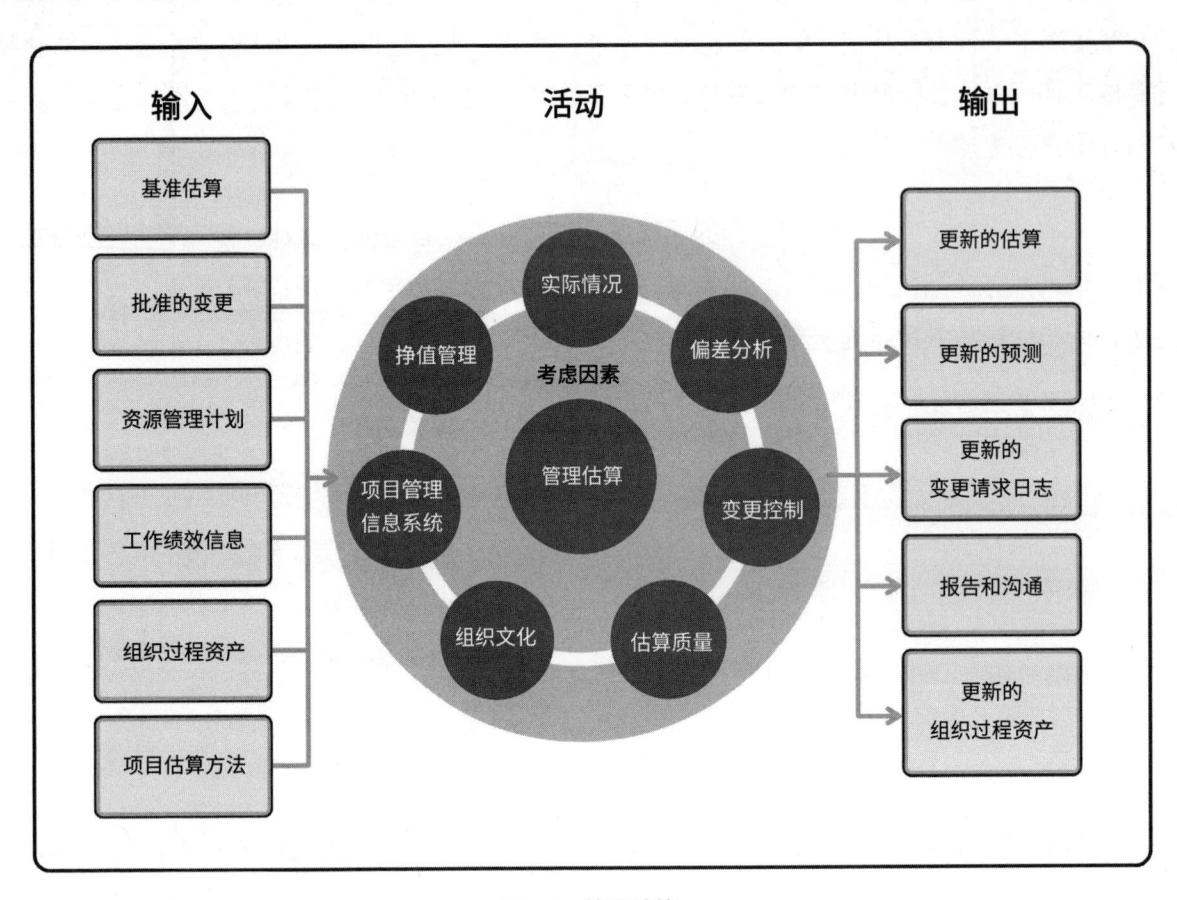

图 5-1　管理估算

这种方法是管理项目估算的几个行业良好实践之一。该概念包括及时定期审查估算，根据批准的变更进行调整，以及重新估算或重新预测。

5.2 管理估算：生命计划周期

本节涵盖应用于初始和修订估算的活动，以在整个项目生命周期中正确管理和维护估算。本节描述的活动是可以在大多数情况下应用于大多数项目的良好实践。

图 5-2（第 1 步到第 3 步）说明了项目估算管理周期的流程——从作为项目基准的初始项目估算开始，到一系列迭代，其中实际成本、时间、资源消耗和批准的变更被应用。审查结果，并在必要时对项目组合、项目集或项目重新估算。

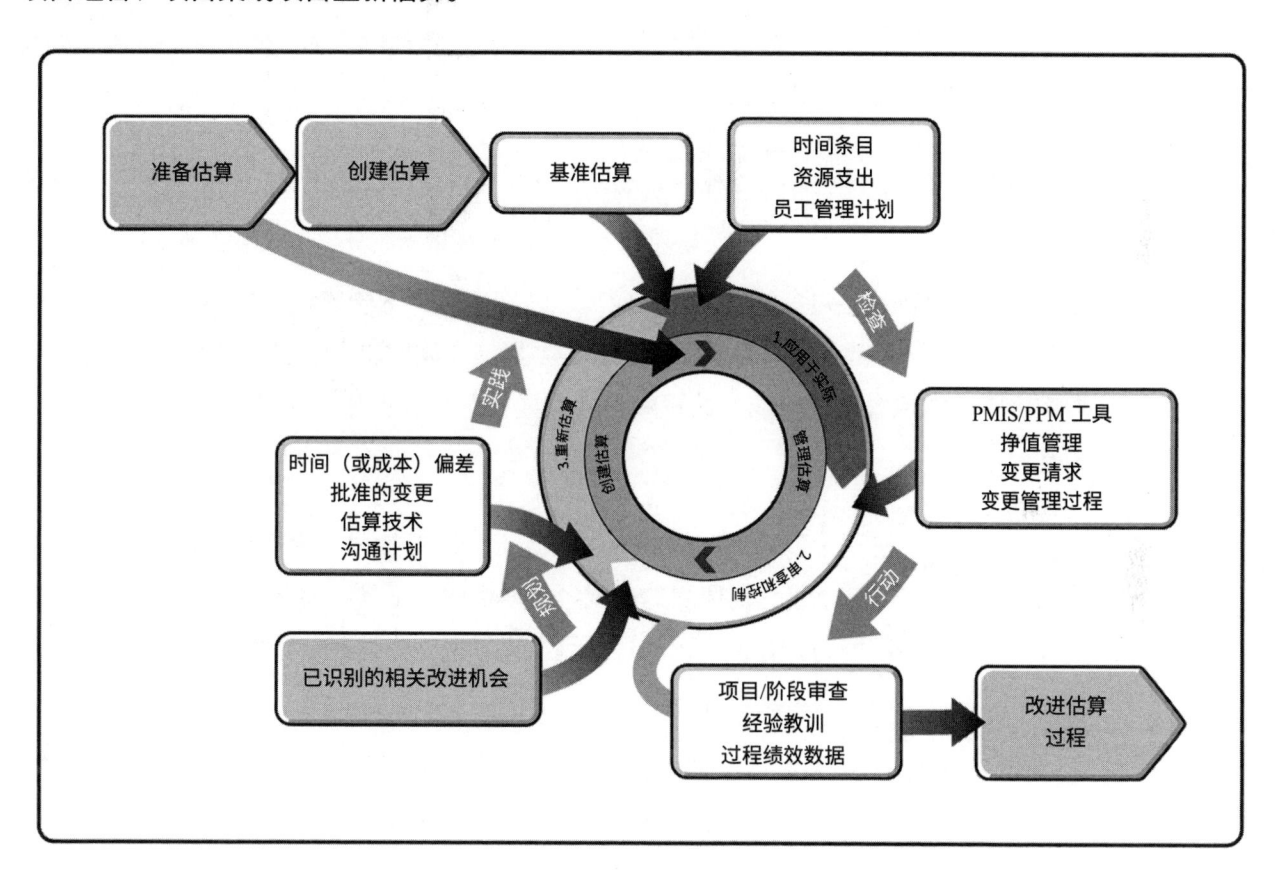

图 5-2 估算管理周期

◆ **第1步：应用于实际。**一旦完成初始活动估算并确定基准，项目经理或选定的项目团队成员就可以开始根据项目管理计划应用实际的时间、成本和资源使用情况。这同样适用于项目组合和项目集管理，因为这些管理领域中的每一个都包含不同层级的相似组件。

- **人力投入估算管理。**测量完成项目范围内定义的 WBS 包的原始工作量估算是否正确或需要调整是至关重要的。项目经理可能发现一项活动的工作量被低估了（例如，应为 10 个工作单元而不是 5 个工作单元），尤其是在整个项目中将执行类似活动的情况下。因此，项目经理可能决定重新审视估算中使用的技术，或者调整估算以反映实际情况。

- **持续时间估算管理。**当有正式的时间录入流程并且进度规划应用程序与时间跟踪系统相连接时，实际消耗的时间应该在项目管理计划中得到自动更新。如果没有接口，则需要手动输入每个资源的时间使用情况。

  在雇用供应商的情况下，应核对相关发票上的实际计费时间。估算应使用因地制宜的实际成本或实际持续时间等信息。

- **成本估算管理。**当针对某项目输入时间时，根据资源费率计算消耗的时间会产生实际成本的消耗。

  在向项目添加非劳动力资源成本时，应加以特别考虑。这些成本可能包括软件、设备、培训、娱乐、团队建设活动及费用或税款等项目，具体取决于组织的成本会计政策。如果将这些成本包含在原始成本估算中，则需要在整个项目生命周期中适当地反映其消耗量。

- **资源估算管理。**在整个项目生命周期中，根据《PMBOK®指南》中描述的资源管理计划，添加或释放资源。应以已识别风险的形式考虑项目期间正常和突然的人员流动。定义好资源角色、职责和能力，并在资源管理计划中详细说明人员配备管理计划。

  资源管理计划包括人员获取和动员程序、资源日历、人员释放计划，以及能力和培训需求。在最初的项目资源估算基准中，已知的技能需要被记录在案，应尽可能接近需求，并根据需要添加或删除。如果项目按计划运行，资源估算应反映在整个项目生命周期中资源的正确使用。

  这种情况并非总是如此。由于关键资源的突然变动，项目经理和项目团队可能需要评估是否有合适的候选人来完成剩余的工作。如果资源的能力较差，则对项目进度的影响可能很大，因为完成活动和交付范围可能需要更多时间。相反，如果替代候选人具有前一团队成员的技能，但资源成本率明显更高，则也可能影响项目成本估算。

还应跟踪人员以外资源（如设备、设施等）的可用性、成本和数量。将实际消耗与计划消耗进行比较，以便根据偏差程度确定是否需要重新估算。

- ◆ **第 2 步：审查和控制**。在渐进明细的同时，应定期审查项目估算，以确保采取了适当的控制措施来识别偏差。这些偏差可能是由未管理的项目复杂性、需求变更或其他可能影响项目估算的项目环境变量引起的。

在典型的项目执行过程中，项目经理、项目团队和干系人期望时间和成本的消耗接近从基准估算得出的项目管理计划中所述的内容。每个组织可能都有描述这种关系的治理模型或规则。实际时间应与每个资源的费率一起应用。除了人力资源，任何资源成本的消耗都被计入项目。

在应用实际时间和成本或分配新团队成员后，应将任何时间和成本偏差与时间和成本的项目基准进行比较。如果任何偏差超出可接受的范围，则需要对项目进行更实质性的重新估算，包括对范围、成本、资源或进度变更控制的任何规定。《挣值管理实践标准》提供了有关不同类型偏差及其测量方式的更多详细信息。

对于人力资源以外的资源——如材料、设备、设施、差旅和费用，跟踪这些资源的使用或消耗同样重要，因为它们包含在项目成本中。

不应包括已批准的变更。在每周审查中，如果趋势表明消耗明显过高或不足，则应使用适当的项目控制程序请求、记录并与相关干系人沟通纠正措施。

在任何治理模型中，变更的正式授权包括：分析并批准范围、成本估算、进度和持续时间的变更；资源配备或技能能力；是否应重新确定新估算基准的决定。

- ◆ **第 3 步：重新估算（在应用实际时间、成本或资源变更后）**。当批准的范围、进度、资源或预算变更被引入项目和某些关键里程碑时——如在阶段或事件结束时的主要可交付物，项目团队对所使用的实际值进行正式审查并与基准比较。任何实质性的成本偏差或进度偏差都可通过《PMBOK®指南》中的标准项目管理实践来解决。

由此产生的偏差也成为重新预测项目或下一个项目阶段的输入。项目经理和项目团队对交付项目或阶段目标所需的剩余时间、人力投入、成本和资源进行预测。这些预测基于当前的时间、人力投入、成本和资源消耗率。

进度预测则依赖于迄今为止消耗的实际时间、人员配备管理计划和剩余活动持续时间来进行估算。

5.2.1　管理估算阶段的输入

管理估算阶段的活动人力投入、持续时间、资源和成本的输入将因不同项目组合、不同项目集、不同项目及不同组织而异。以下是有效管理估算所需的 6 项基本输入。

- ◆ **项目估算方法**。在准备估算阶段创建的项目估算方法定义了管理和监控项目估算及预测的方法。这应该与 OPA 一起在管理估算的计划中加以描述。
- ◆ **基准估算**。原始基准加上或减去通过商定的治理程序所批准的变更，与实际绩效进行比较，以确定它们是否在可接受的偏差限制内。这同样适用于项目组合和项目集管理，因为这些管理领域中的每一个都包含不同层级的相似组件。

  出于估算目的，以下要素是供考虑的基准：

  - ■ 成本绩效。
  - ■ 进度估算。
  - ■ 资源直方图。
  - ■ 活动人力投入。
  - ■ 相对估算基准。
  - ■ 收益估算。

这些要素是相互关联的。例如，活动人力投入估算的变化可能导致进度、成本、收益和/或资源估算的变化。

- **批准的变更。** 估算会受到批准的变更请求的影响，这些变更包括扩大或缩小项目范围（如人力投入）、修改预算（如成本）、修改进度（如持续时间或时间），或者反映项目资源构成的变化（项目团队资源或其他资源，如材料、设备、设施、差旅等）。《PMBOK®指南》中涵盖了时间、成本、范围、人力投入和资源在变更控制过程中的输入、工具与技术和输出。本章将参考这些过程，而不是重申它们。

  通常，在重新估算项目人力投入、资源、成本或进度时，只应考虑通过实施整体变更控制过程处理并批准的变更请求。

  批准的变更包含在实施整体变更控制过程的输出中，见《PMBOK®指南》。

- **资源管理计划。** 正如《PMBOK®指南》中定义的那样，资源管理计划提供了关于如何对项目资源进行分类、分配、管理和释放的指导。以下是一些示例：

    - 通过谈判和团队获取，适当的人力资源和相关的能力将被分配到工作活动中。
    - 当需要一项关键资源技能而该技能不属于当前团队，或者拥有该技能的人员离开项目时，存在无法完成任务的风险，并且该技能所对应的任务可能会延迟完成。这种延迟会影响项目的进度和成本，直到获得具有所需技能的另一个人员。
    - 如果已获取的资源的能力低于计划开展活动所需的能力，则可能需要更多时间和/或更多资源来完成任务，从而导致重新估算项目进度和项目成本。资源能力需求在资源管理计划的角色和职责部分被定义。

  项目资源管理计划的人员配备部分还表明，需要哪些资源技能，以及在整个项目生命周期中何时引入这些资源。引入资源的时机和利用率（百分比）有助于设置资源概况，以确保在实现项目目标所需的活动上花费最优的时间。

第 5 章　管理估算

资源还包括人力资源以外的财务、设施、设备和材料。这些资源的数量、成本和进度安排也应包括在基于计划活动的初始项目估算中。这些资源的消耗需要与人力资源一起考虑和跟踪。

◆ **工作绩效信息。**与实现项目目标相关的时间、资源和成本的实际数量被视为工作绩效信息，也被称为情境实际值。

人力资源通常与成本相关，因为它是按小时计费的（小时费率）。随着时间的消耗，该费率转化为成本消耗。这适用于合同职位和内部职位。

- 合同职位。常见的合同类型有三种：工料合同、固定价格合同和成本补偿合同。
  - 对于小时合同，小时费率在合同内协商，通常基于经验和能力水平。消耗的时间量反映在计入项目的小时数中，并在实际发票中表示，当过账到应付账款系统时，该发票可用于项目。根据发票跟踪实际时间很重要，因为一些非计费时间也可能计入项目。但是，除非在合同中明确规定，否则不应根据项目成本估算来跟踪非计费时间。
  - 在固定成本合同中，项目成本按商定的价格设定，并带有里程碑或阶段结束计费点；在某种程度上，使用的工作量对成本估算并不重要。当进度延误时，供应商可能决定在项目上投入更多或不同的资源，但客户的最终成本保持不变。批准的变更可能调整成本，从而更改估算，但无论消耗的时间量如何，都只消耗固定的总成本。因此，根据发票跟踪实际时间仅在确定工作量以在未来对类似项目进行更好的估算时很重要。
- 内部职位。对于内部员工，小时费率可能被合并为一个混合费率，而不显示任何员工的实际薪酬。例如，一些组织制定了内部结算费率，通常被称为负担率，供内部员工在项目预算中使用，以便更好地意识到项目组合、项目集和项目的实际成本。

  一些组织不跟踪项目员工的成本，更愿意将员工的薪酬视为开展业务的成本。尽管这种情况并不少见，但它往往不能准确反映总投资成本，因此也不能准确反映实现项目目标的投资回报。

对于合同职位和内部职位，可以使用时间输入系统（如时间表或时间报告）来跟踪在项目上花费的实际时间，也可以由项目协调员在项目电子表格上跟踪时间。通过时间输入系统，项目经理可以针对项目进度计划来应用时间消耗。

一些组织不要求员工输入时间，但是，为了获取有效且准确的进度，强烈建议获取所有项目团队成员在每项活动上花费的实际时间。这将为未来类似的项目提供更实际的估算管理。

- **组织过程资产**。组织的知识库或过程资产库可能包含组织批准的用于管理进度、成本和资源估算的方法、过程、程序和模板。管理估算阶段依赖于过程资产库中定义的过程和实践。用于估算管理和报告的明确定义的过程和程序可以在管理估算、识别、批准以及与项目团队和主要干系人沟通估算变更方面更加一致。

这些过程描述了使用规定模板的方法。模板在项目和组织之间提供了一定程度的一致性。使用的模板示例也可以作为从以前项目中获得经验教训的输出。

5.2.2 管理估算阶段的输出

人力投入、时间、资源和成本的管理估算阶段的输出因不同项目组合、不同项目集、不同项目和不同组织而异。这个阶段的常见输出是：

- **更新的估算**。更新的估算包括所有项目估算——项目人力投入、项目时间、项目成本和项目资源，这些都是相互关联的，并且都应评估其任何变更所带来的影响。这同样适用于项目组合和项目集管理，因为这些管理领域中的每一个都包含不同层级的相似组件。

- **更新的预测**。通过查看预测来管理项目估算是一种强大的绩效管理技术。更新的预测的定义是，根据迄今为止的实际资源消耗重新计算完成剩余项目或阶段目标的成本和时间。这可能是迭代的，并且反映了小的增量周期。

- **更新的变更请求日志**。对项目变更请求列表的任何更新，如已批准、开放和关闭的变更，都是变更日志更新。这些变更应包括对时间、人力投入、成本或资源影响的量化。

- **报告和沟通**。为确保干系人的参与和接受，报告和沟通应遵循沟通管理计划中定义的指南和过程。

- **更新的假设日志**。估算的管理可能揭示不正确的假设或产生新的假设。
- **更新的组织过程资产**。包括在管理估算时更新的任何模板或表单。

5.2.3 考虑因素

本阶段活动的主要考虑因素和普遍接受的良好实践包括但不限于以下内容：

- **实际情况**。获取实际值是一种以重新校准模型、重新估算项目和重新预测项目平衡的方式使用数据的实践。重要的是，要确保在员工自己输入时间时，针对这些执行的实际活动计算时间消耗。它还通过为项目成本收益评估提供可靠的数据来支持有效的业务管理。这种做法允许组织改进和定制组织的估算方法，从而有助于改进未来项目的初始估算。

- **偏差分析**。偏差分析是分析、理解和沟通时间、范围、成本和资源的影响及彼此之间的相互依赖关系的实践。当重新估算导致显著偏差时，发起人或指导委员会可能决定重新确定整个项目的基准，或者在特殊情况下取消项目。在这些情况下，请遵循批准的变更管理控制过程。

- **变更控制**。遵循既定的项目管理变更控制指南和组织方法论有助于在项目范围发生变更时密切关注成本、时间和质量的变化。

- **估算质量**。遵循实时估算过程会产生高质量的估算，促使项目经理和项目团队能够解决并预测进度、活动人力投入、成本和资源的变更。

- **组织文化**。估算的管理受组织文化的影响。如果组织严格遵守跟踪项目估算的实际时间和/或成本的消耗，并在发生变更时重新估算和重新预测，那么管理估算的组织文化将确保合理准确的估算。

- **项目管理信息系统**。项目管理信息系统（Project Management Information System，PMIS）是一类软件应用程序（工具），为项目经理和项目团队提供了记录整个项目完成的工作、实际时间、成本和资源利用的方法。这些工具使项目经理能够维护用于管理估算的持续信息。从最简单到最复杂，这些工具是：电子表格、待办事项列表管理工具、高级进度计划软件和 PPM 工具。

- **挣值管理**。挣值管理（Earned Value Management，EVM）是监督项目的一个非常重要的部分，因为它整合了范围、时间和成本。它是一个早期预测器，为项目经理和项目团队提供了管理估算和主动管理项目的机会。一旦做出了预测，在所需的纠正活动中就可以使用或应用其他工具和技术，如进度压缩、假设情景分析、调整提前量和滞后量、绩效评审和资源替代方案。

  有关 EVM 过程的更多信息，请参阅《挣值管理实践标准》。

5.3 案例分析

附录 X3 包含了自行车示例的案例研究。在这项研究中，自行车的制造已经开始，工作绩效数据已被获取和情境化，并更新了获得的工作绩效信息。

5.4 小结

管理估算阶段确保了实际估算能够反映正在进行的项目组合、项目集或项目绩效。

如果估算准确且范围和计划的人力投入没有变更，则无须重新估算，项目组合、项目集和项目将按时并在预算范围内交付。

控制进度、控制成本和管理项目团队是《PMBOK®指南》及监控过程组中涵盖的项目管理过程。在本章中，提供了定义及推荐的过程（生命周期计划过程），该过程定义了在项目生命周期中重新估算时间、人力投入、成本和资源的原因、时间和方式。

本章描述的生命周期计划过程基于若干现实生活中的经验和良好实践。随着本实践标准的演进，更多的良好实践和现实生活中的经验将会出现，并被纳入推荐以增加深度。但是，估算周期是其他现有方法的有效模型，并且可能是主题差异的基础。

第 6 章

改进估算过程

改进估算过程的目的是，改进组织对组织级项目管理组件的估算能力。本章包括以下几节：

6.1 概述

6.2 评估估算过程

6.3 实施变更并分享经验教训

6.4 考虑因素

6.5 案例分析

6.6 小结

6.1 概述

改进估算过程的一个关键目标是更新 OPA，尤其是（但不限于）估算过程、模板、工具和其他资产。该过程基于实际数据和经验教训，并通过更新沟通过程和确保使用一致的过程来完成循环。

该活动包含（但不限于）经验教训和经验数据，以校准模型、过程和结果，从而获得更准确的估算。应该在项目集或项目生命周期的任何时候识别和应用改进。

组织将过程改进技术（如过程再造）应用于运营以提高效率和效果。无论采用何种方法或技术，这些相同的技术都适用于提高估算过程的效率和效果。图 6-1 展示了一种技术，包括标准化、测量、控制和改进。

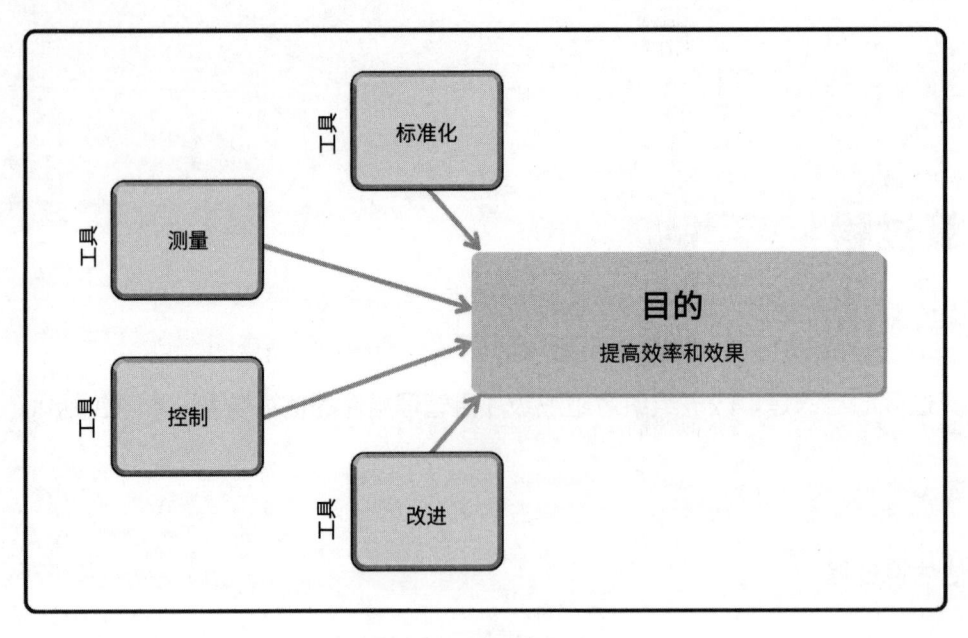

图 6-1 过程改进步骤

过程应用收益的持续实现取决于组织治理职能中的管家职责。为改进方法选择最佳方法论取决于组织的结构、规模和复杂度。

研究表明，大多数不追求持续改进的组织会退步并失去以前获得的价值。出于这个原因，确保估算政策包含了持续改进过程是很重要的。如图 6-2 所示，在某一点上，组织采取的行动要么在上升曲线上随着持续改进而取得进展，要么在能力水平上退步，如下降曲线所示。

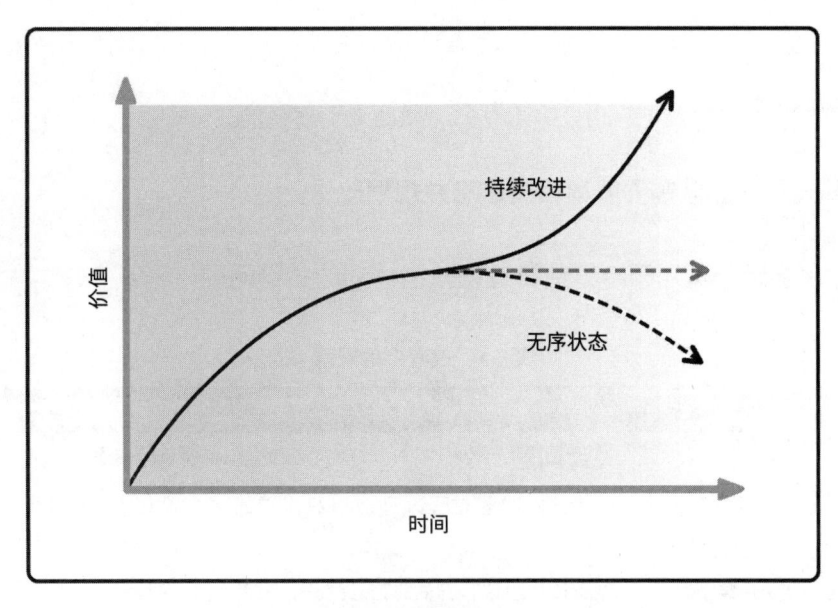

图 6-2 持续改进

管理和监督估算过程改进行动的结果，对于确保达到要求的绩效水平并确保变更不会导致意外的负面成果很重要。图 6-3 说明了对整体过程管理方法论监督和管理的长期概念。组织计划并建立执行这种监督和改进的结构，以确保过程管理体系持续为组织提供价值和收益，这些收益可以得到长期优化。

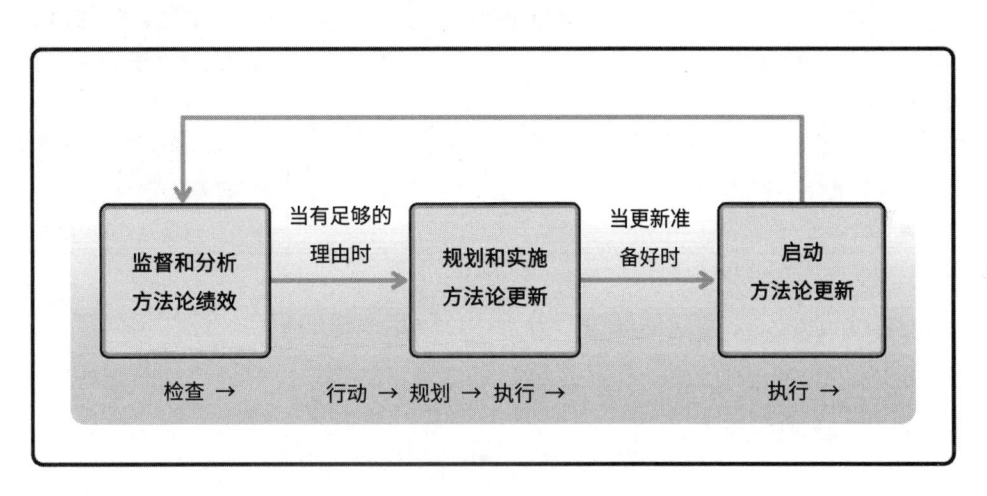

图 6-3 过程管理方法论——长期模型

第 6 章 改进估算过程

6.2 评估估算过程

为了改进估算过程，团队需要收集相关信息并规划改进。

表 6-1 中的示例显示了可用于制订估算过程改进计划的关键问题。

表 6-1 过程评估规划

估算绩效的现状	估算绩效的未来状态	实施需要
关键问题	**关键问题**	**关键问题**
1. 组织对估算绩效的需求是否因内部或外部因素而发生变化？	1. 应开发哪些过程来适应组织需求的变化？	1. 我们需要与谁合作？
2. 我们可以采取哪些行动来持续满足组织的需求？	2. 应该利用现有的估算方法还是开发新的估算方法？	2. 需要向我们的干系人进行哪些沟通？
3. 组织的绩效需求以多快的速度级联到项目组合、项目集和项目中的需求更新？	3. 如何精简治理和过程改进结构，以便更快地做出决策？	3. 这种资产改进产生了哪些培训需求？
4. 当前的估算信息是否可用、及时、可靠和可操作？	4. 应该为过程测量和控制建立哪些成员资格、范围和阈值？	4. 我们将如何实施这些改进？
5. 组织中使用了多少估算实践？	5. 如何改进过程绩效信息以使其可用、及时、可靠和可操作？	5. 我们如何验证培训、沟通和实施？
6. 我们可以采取哪些措施来提高绩效？		6. 我们如何测量过程应用？
7. 是否有需要考虑的风险？		7. 是否需要对该项目或其他项目采取纠正措施？
8. 我们如何把握机会？		8. 我们如何评估过程改进的收益？
9. 如何对正在进行的项目组合、项目集和/或项目做出决策？		9. 我们如何测量、控制和改进该过程？
		10. 是否有关于绩效、风险或其他方面的信息需要沟通？
		11. 我们是否有适当级别的干系人支持和实施权力？

一旦收集到必要的输入，就会对估算进行分析，以确定改进的机会。评估将确定估算过程是否执行，以及是否满足项目组合、项目集、项目或组织单位特定的需求。它还将检查过程的步骤、背景及用于制定估算的资产、工具和技术。

将在工作会议上讨论该分析的结果，以确定其根本原因。通过使用诸如头脑风暴、5W 法或鱼骨图之类的技术来确定根本原因。让具有解决问题能力的人员参与这些会议也很有价值。需要制订纠正或预防措施的行动计划，以补救在当前项目集或项目中发现的问题。

分析结果也可用于更新：

- 组织过程资产。例如，与未来的项目集和项目或正在进行的项目的未来迭代共享组织经验教训。
- 估算过程中使用的工具和技术。例如，用于类比估算的历史信息、校准参数模型和模板。

6.2.1 改进估算过程的输入

以下输入确保了改进估算过程的成功：

- **项目集和项目信息**。评估当前的项目集或项目资产和结果，以寻找有益于当前和未来项目组合、项目集、项目或迭代的改进机会。项目范围、风险、当前估算及其假设是改进机会的一些对象。
- **项目估算方法**。当前的项目估算方法是第 3 章描述的准备估算阶段的输出。这里用作输入。
- **历史项目集和项目信息**。历史项目集和项目信息是从类似的已完成的项目集和项目中收集的信息，在第 3 章对其进行了描述。
- **基准估算**。基准估算是对人力投入、资源、成本和进度的首个深思熟虑的详细估算，在第 4 章对其进行了描述。
- **更新的估算/预测**。更新的估算/预测是在确定基准之后进行的估算，在第 5 章对其进行了描述。
- **日志和登记册**。用于跟踪和获取项目组合、项目集或项目中的修改、假设条件和制约因素的任何项目资产，这些资产为过程改进提供了机会。
- **工作绩效数据**。计划与实际的估算数据，包括范围、进度、资源测量及在特定时期内在项目集或项目上花费的其他要素的绩效数据。

- **经验教训**。收集和记录经验教训是将知识转移到其他项目集、项目或迭代的关键手段。通常在项目集、项目、迭代结束时或在关键活动/里程碑之后收集经验教训。对于适应型生命周期，通常在定期安排的回顾中获得经验教训，或者在工作主体完成时进行，例如在迭代结束或项目阶段结束时。为了应用这些经验教训，必须使信息易于访问，将其制度化，并纳入治理组织及其过程和程序中。

- **组织过程资产**。OPA 的示例有已建立的测量、模型、定义或标准，估算过程是根据这些内容测量的，在第 5 章对其进行了描述。

6.2.2 改进估算过程的输出

这个过程的许多输出不仅可以用于当前的工作，而且可以用于未来的工作，例如：

- **估算过程改进行动计划**。对于一个好主意或从回顾中获得的经验教训，只有在产生了行动时才真正有价值。行动计划是一份文件（简要的或详细的，简单的或复杂的），依赖于组织的规模和复杂性、组织变革准备情况及估算过程的变更需求。该计划定义了要实施哪些已识别的改进机会，以及要推迟哪些改进机会。该决策基于变更需求、成本、时间、变更准备情况和资源可用性。该计划应指出关键的成功因素；相互依赖关系（如逻辑、垂直和水平）；根据相互依赖关系、价值、假设条件和制约因素等标准对改进机会进行优先级排序。

  除了技术性变更，行动计划至少还应包括组织变更管理方面，如干系人的参与和动员、沟通、教练和培训，以及对改进建议的结果和影响的测量。

- **组织过程资产更新建议**。通常，资产不会作为项目工作的一部分被更新。过程、政策和程序通常由项目管理办公室或项目之外的其他职能部门制定。

  在有价值的地方，OPA 更新建议应描述已识别的估算过程的低效或失败、已识别的原因，以及改进资产或使用资产所需的步骤。

6.3 实施变更并分享经验教训

一旦评估了估算过程并确定了行动,组织和项目经理就会实施这些变更并验证相关的指标和措施。

6.3.1 输入

实施变更并分享经验教训过程的输入是:

- 估算过程改进行动计划。
- 组织过程资产更新建议。

6.3.2 输出

实施变更并分享经验教训过程的输出是:

- 更新的组织过程资产。对 OPA 的更新可以包括但不限于以下内容。
    - 更新任何定义估算标准或影响估算过程的工件。
    - 更新估算方法的文件。
    - 记录经验教训的文档,以用于未来的项目。
- 最终报告。根据组织的规模、复杂性、文化和改进范围,最终报告的内容可以简要或详细。

最终报告通过以下方式记录改进:整合评估的发现、更新的建议书、测试和更新评价的结果、使用关键绩效指标(Key Performance Indicator,KPI)或其他方式记录的实施绩效,以及整合估算的审查。该报告可以指出其他改进机会。

6.4 考虑因素

实施变更并分享经验教训过程的考虑因素是:

- ◆ 高级管理层的支持。过程更新需要高级管理层的支持。需要将适当的权力授予将实施变更的从业者。

- ◆ 投资适当的时间和人力投入。建议在项目生命周期中投资时间和人力投入以寻求改进。预防或纠正措施可能对项目集、项目或未来迭代中的当前或未来活动，以及组织的整体估算过程产生积极影响。

- ◆ 考虑技能集。很重要且值得注意的是，引导解决问题的会议以确定根本原因所需的技能集，这可能需要未分配给当前项目的资源。这些资源应该具有促进和解决问题的能力。让外部资源主持这些会议（以消除偏见）通常被认为是明智之举。

- ◆ 知识管理。最终报告和/或以其他方式记录的改进结果需要使用组织的知识管理方法来共享，以促进创新、分享经验教训、整合和组织的持续改进。

- ◆ 干系人参与。广泛的干系人参与对制定改进举措至关重要，这有利于所有方面都能得到了解和处理。

6.5 案例分析

有关已为自行车示例识别的特定估算过程改进机会的详细信息，请参阅附录X3。

6.6 小结

估算过程的改进是迭代的，并包括整个项目集或项目估算生命周期。它发生在项目集或项目管理的所有过程组的过程中，并为大多数项目集或项目管理的知识领域接收输入或产生输出。

组织应接受持续改进实践，识别机会并整合经验教训。在采用适应型实践的情况下，应该将这些经验教训升级到更高的层级。

参考文献

[1] Project Management Institute. 2017.《管理知识体系指南项目（PMBOK®指南）》(第六版). Newtown Square, PA: Author.

[2] Project Management Institute. 2017.《敏捷实践指南》. Newtown Square, PA:Author.

[3] Project Management Institute. 2011.《挣值管理实践指南》（第 2 版）. Newtown Square, PA: Author.

[4] Project Management Institute. 2019.《工作分解结构(WBS)实践指南》(第 3 版). Newtown Square, PA: Author.

[5] Project Management Institute. 2019.《进度实践指南》（第 3 版）.Newtown Square, PA:Author.

[6] Project Management Institute. 2019.《项目组合、项目集和项目风险管理标准》. Newtown Square, PA: Author.

[7] Project Management Institute. 2017.《项目集管理标准》（第 4 版）. Newtown Square, PA: Author.

[8] Project Management Institute. 2017.《项目组合管理标准》（第 4 版）. Newtown Square, PA: Author.

[9] Project Management Institute. 2017.《组织级项目管理标准》. Newtown Square, PA: Author.

[10] Project Management Institute. 2014.《复杂性管理指南》. Newtown Square, PA: Author.

[11] Project Management Institute. 2017.《PMI 商业分析指南》（包括商业分析标准）. Newtown Square, PA: Author.

附录 X1 《项目估算实践标准》(第 2 版)的变化

本附录对《项目估算实践标准》(第 2 版)所做的更改提供了更高层级概述,以帮助读者理解从上一版到当前版本的变化。

《项目估算实践标准》(第 2 版)引入了当前世界各地用于估算项目组合、项目集、项目及运营活动的概念。尽管如今使用的许多估算技术反映了长期工作所验证的内容,但一些实践已然消失,更新的实践和技术增加了项目生命周期估算的深度。适应型生命周期(有时也被称为敏捷或迭代)已成为主流,混合型生命周期的应用则更为普遍。本实践标准整合了诸如相对估算等新技术,删除了一些不太常用的诸如幂级估算等技术。

此外,本实践标准增加了对示例和案例研究的使用,以此对不同的技术进行展示和对比,以增加体验式学习。为满足这一需求,本实践标准包括一个定制自行车项目的虚构案例研究,以反映当今商业社会中时常出现的混合型生命周期及项目复杂性。除了自行车案例研究,本实践标准还提供了全球范围内的在估算中遭遇重大挑战的项目示例以供讨论,并强调估算实践给项目环境带来的关键价值。

本实践标准侧重于通过在新实践中使用轻量级适应型估算来指导经验丰富的项目经理和经验不足的项目团队成员。其目的不是提供实践及其变体的详细列表,相反,这是为了阐述不同类型实践的基本要素,以促使本实践标准的读者在应对特定项目环境和文化时,能更好地选择有效的实践。本实践标准的另一个变化是,越来越强调需要个人对自己的工作进行估算,并认识到估算是一项持续的活动,以调整并适应经验教训和紧急情况。

最后,本实践标准更新了词汇表以反映当今项目世界中所使用的术语以及使用实践标准时的快速资源。

附录 X2　《项目估算实践标准》（第 2 版）的贡献者和审阅者

本附录根据分组列出了对《项目估算实践标准》（第 2 版）的编写和出版做出贡献的个人。

项目管理协会感谢所有这些人员的支持，并感谢他们对项目管理专业所做出的杰出贡献。

X2.1　《项目估算实践标准》（第 2 版）核心委员会

以下人员为委员会成员、文本或概念的贡献者，并担任项目核心团队的领导者：

Cindy Charlene Shelton, PMI-ACP, PMP，主席
Richard Florio, PMP，副主席
Biyi Adeniran, PMP
Gerhard J. Tekes, PMO-CP, Scrum SFPC, PMP
Majdi Sabeg, PhD, PgMP, PfMP
Paula Ximena Varas, MBA, PMP
Ashley Wolski, MBA，标准产品专家

X2.2　评审人员

X2.2.1　专家评审

以下个人为受邀主题专家，他们审查了本实践标准的草案并通过主题专家（SME）评审提供了建议。

Shyamprakash K. Agrawal, PMP, PgMP
Arnaldo M. Angelini, PE,
Joshua Lerner, CSM, GWCPM, PMP
Timothy A. MacFadyen, MBA, MPM, PMP

Sergio Luis Conte, PhD, PMI-PBA, PMP
Theofanis Giotis, PhD, PMI-ACP, PMP
Mike Griffiths, APM, PMI-ACP, PMP
Adeel Khan Leghari, MBA, PMP, PgMP
Picciotto Merav, MA, PMP
Chris Richards, PMP
Dave Violette, MPM, PMP

X2.2.2 公开征求意见评审

除了核心委员会成员，以下个人为完善《项目估算实践标准》（第 2 版）公开征求意见稿提出了建议：

Ahmad Khairiri Abdul Ghani, MBA, CEng, PE
Juan Carlos Rincón Acuña, PhD, PMP
Jorge Omar Aguirre Tapia, PMP
Prescort Leslie Ahumuza, PMP
Jose Rafael Alcala Gomez, PSM, PMP
Emad AlGhamdi, MBA, PMP
Abubaker Sami Ali, MoP, PgMP, PfMP
Mohammed AlSaleh, PMP
Claudio Alves dos Santos, MBA, PMP
Nahlah Alyamani, PMI-ACP, PMP, PgMP
Angelo Amaral
Tony Appleby, MBA, CDir, PMP
Ayman Atallah, BE, PMP
Sivaram Athmakuri, PMI-ACP, PMI-PBA, PMP
Herman Ballard
Eduardo Bazo Safra, Mg, PMP
Nigel Blampied, PhD, PE, PMP
Greta Blash, PMI-ACP, PMI-PBA, PgMP
Akram Hassan, PhD, MBA, PMP
Mohamed Hesham Youssef, PMP
Gheorghe Hriscu, CGEIT, PMP
Dmitrii Ilenkov, PhD, PMP
Antoine Karam, COBIT, PMI-RMP, PMP
Suhail Khaled, PMI-ACP, PMP
Taeyoung Kim, PMP
Rouzbeh Kotobzadeh
Prathyusha Ramayanam Venkata Naga Lakshmi, MBA, Btech
G Lakshmi Sekhar, PMI-PBA, PMI-SP, PMP
Arun Lal, BE, PMP
Lydia G. Liberio, JD, MBA, PMP

Farid Bouges, PMP, PfMP
Armando Camino, MBA, PMI-ACP, PMP
Panos Chatzipanos, PhD, Dr Eur. Ing
Nguyen Si Trieu Chau, PMP, PgMP, PfMP
Williams Chirinos, MSc, PEng, PMP
Timothy Cummuta
Mohamad Dawas, BSc, MSc, PMP
Danil Dintsis, PMP, PgMP
Christopher Edwards, MBA, PMP
Fereydoun Fardad, PMI-PBA, PMI-RMP, PMP
Elyes Farhat
John T. Farlik, DBA, PMI-ACP, PMP
Ahmed A Fikry, PMP
Gaitan Marius Titi, PMI-PBA, PMP
Hisham Sami Ghulam, MBA, PMP
Theofanis Giotis, PhD c., PMI-ACP, PMP
Scott M. Graffius, PMP
Simon Harris, CGEIT, AIPMO, PMP
Heny Patel
Crispin ("Kik") Piney, PMP, PgMP, PfMP
P. Ravikumar, PMI-ACP, PMP, PgMP
Omar Redwan
Curtis Richardson
Bernard Roduit
Dan Stelian Roman, LSSBB, PMI-ACP, PMP
Omar A. Samaniego, PMI-RMP, PMP
Saravanaperumal K, ITIL, PMP
Walla Siddig Elhadey Mohamed, PMOCP PMI-RMP, PMP
Mauro Sotille, PMI-RMP, PMP
Gerald Spencer

Medhat Mahmoud
Christian Moerz, PMP
Venkatramvasi Mohanvasi, BE, PMP
Felipe Fernandes Moreira, PMP
Syed Ahsan Mustaqeem, PE, PMP
Adriano Jose da Silva Neves
Habeeb Omar, PgMP, PfMP
Arivazhagan Ondiappan, BE, PMI-RMP, PMP
Paul Paquette, MBA, PMI-RMP, PMP

Prasanna Surakanti, MS EE, MSc
Tamiki Takayashiki, PMP
Laurent Thomas, DrSc, SPC4, PMP
Mohammed Thoufeeq
Micol Trezza, MBA, PMP
Daniel Ubilla Baier, MBA, PMOCP, PMP
Thierry Verlynde, MS, Coach, PMP
Michal Wieteska, ASEP, PMP
J. Craig Williams, PMP

X2.2.3 PMI 标准项目顾问小组（SMAG）

PMI 标准项目顾问小组（SMAG）在标准经理的领导下工作。对 SMAG 在整个编写过程中提供的令人信服和有用的指导，我们表示最诚挚的感谢。

在委员会的工作过程中，以下 PMI 社区的杰出成员服务于 SMAG：

Maria Cristina Barbero, CSM, PMI-ACP, PMP
Michael J. Frenette, I.S.P., SMC, MCITP, PMP
Brian Grafsgaard, CSM, PMP, PgMP, PfMP
David Gunner, MSc, PMP, PfMP

Hagit Landman, MBA, PMI-SP, PMP
Vanina Mangano, PMI-RMP, PMP
Yvan Petit, PhD, MEng, MBA, PMP, PfMP
Carolina Gabriela Spindola, MBA, SSBB, PMP

X2.2.4 协调机构评审

以下成员为 PMI 标准项目集协调机构提供服务：

Nigel Blampied, PE, PMP
Chris Cartwright, MPM, PMP
John Dettbarn, DSc, PE
Charles Follin, PMP
Michael Frenette, SMC, PMP
Dana Goulston, PMP
Brian Grafsgaard, PMP, PgMP
Dave Gunner, PMP
Dorothy Kangas, MS, PMP
Thomas Kurihara
Hagit Landman, PMI-SP, PMP
Timothy A. MacFadyen, MBA, PMP

Vanina Mangano, PMI-RMP, PMP
Mike Mosley, PE, PMP
Nanette Patton, MSBA, PMP
Yvan Petit, PhD, PMP
Crispin ("Kik") Piney, PgMP, PfMP
Mike Reed, PMP, PfMP
David Ross, PMP, PgMP
Paul Shaltry, PMP
C. Gabriela Spindola
Chris Stevens, PhD
Judi Vincent
David J. Violette, MPM, PMP

X2.2.5 制作人员

特别感谢 PMI 的以下工作人员：

Linda R. Garber，产品专家，出版
Kim Shinners，产品协调，出版
Barbara Walsh，产品经理，出版

X2.2.6 协调团队

核心团队：

Bridget Fleming
Greg Hart
Hagit Landman, PMI-SP, PMP
Vanina Mangano, PMP-RMP, PMP
Tim MacFadyen, MBA, PMP
Mike Mosley

John Post, PMP
David W. Ross, PMP, PgMP
Cindy Charlene Shelton, PMI-ACP, PMP
Gary Sikma, PMI-ACP, PMP
Dave Violette, MPM, PMP

PMI 员工：

M. Elaine Lazar, MA, AStd
Marvin R. Nelson, MBA, SCPM
Danielle Ritter, MLIS, CSPO
Lorna Scheel, MSc

Roberta Storer
Kristin Vitello, CAPM
John Zlockie, MBA, PMP

X2.2.7 《项目估算实践标准》（第 2 版）中文版翻译者

以下人员担任了《项目估算实践标准》（第 2 版）中文版的翻译工作：

傅永康 PMP，PMI-ACP，MBA
高学军 PMP，PMI-ACP，PMI-PBA，IPMP，PRINCE2 Practitioner，MBA
闫清 PMP，PMI-ACP，PRINCE2 Practitioner，MBA
陈万茹 PMP，PRINCE2 Practitioner，MBA

附录 X3　案例研究：制造定制自行车

为了有效地对比并展示项目组合、项目集和项目在执行中所使用的众多估算实践，我们选择了一个制造自行车的项目来进行举例。为简化起见，本示例不包括材料成本。

第 2 章——概念

本案例研究旨在举例说明项目生命周期中的估算开发。它将说明迭代估算，讨论在每章中提出的概念并附有示例（见图 X3-1）。我们以自行车为例，因为它(a)为全球大众所熟知，(b)是一个相对简单的机械模型，(c)有足够的零件和部件。

ACME 自行车商店接受了一项工作，为六个月内有比赛的自行车手制造超轻型的定制自行车，并打算为一些独特的设计特性申请专利。

对于这个项目，商店的技术团队必须定义设计，并制造一个原型以供自行车手测试。一旦自行车手对原型感到满意，就会开始制造自行车。该项目的成功标准是，在足够的时间内将最终产品交付给自行车手，以测试和调整自行车。根据自行车手的估算，他们至少需要安排两周的时间进行现场道路的测试。

获得此次比赛的参赛资格，有以下一些假设条件和制约因素：

- 对自行车的成品重量有限制，需要使用超轻型材料以达到最大速度。
- 在项目开始时，尚不清楚车轮是否会在该商店中制造（或在店外采购）。
- 自行车手有一个原型齿盘，仍处于设计阶段。

◆ 工作团队尚未组建，但店主已获得两位专家同事将全职加入团队的承诺，他们在几年前曾为高水平的比赛制造了特殊自行车。店主知道，这些专家很乐意分享他们之前在估算和制造新自行车方面的经验，以便获得设计尖端齿盘的机会。

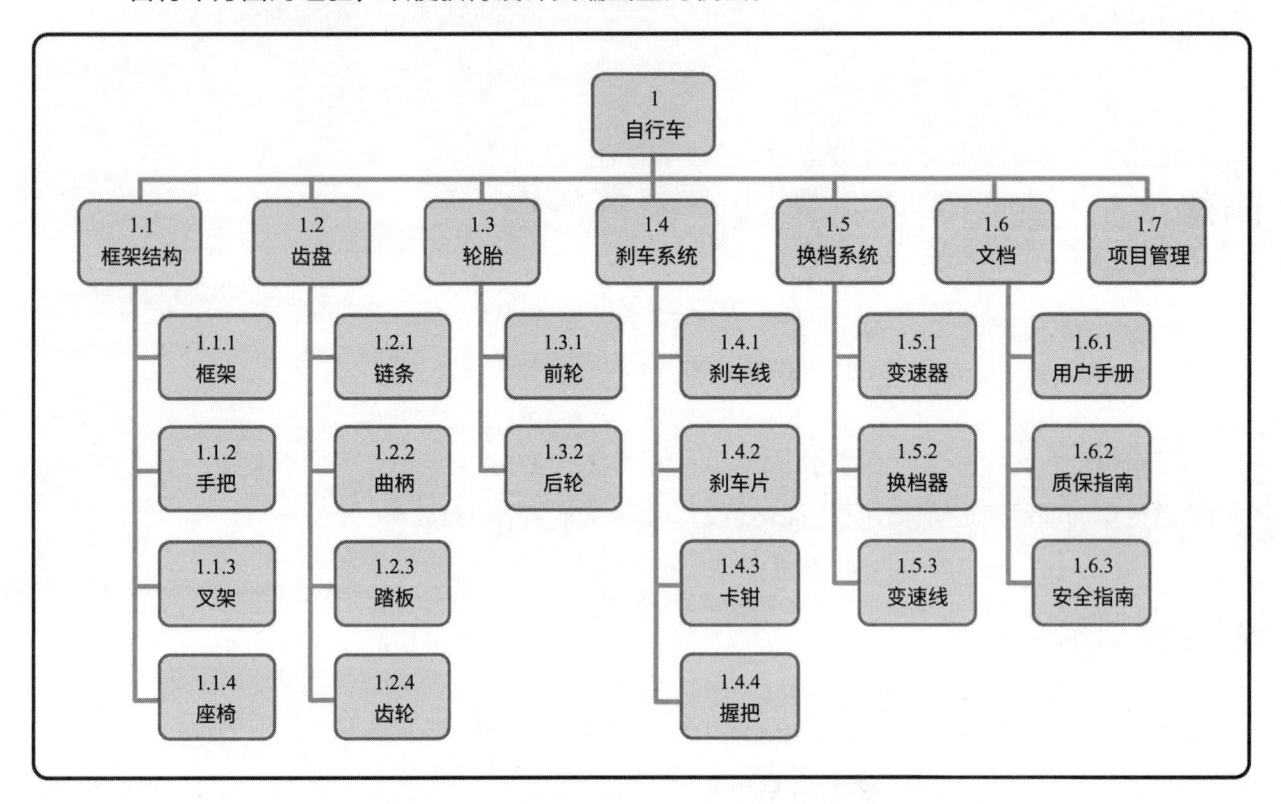

图 X3-1　制造定制自行车项目的体系结构分解

第 3 章——准备估算

团队成员齐聚，准备对比赛专用自行车进行估算。他们的目标是：

◆ 验证（若不可用）或创建一个产品导向的 WBS；

◆ 定义估算方法；

◆ 进行资源缺口分析。

商店店主是最了解自行车手需求并在高层级上记录项目范围的人，他确定了制造自行车要进行的活动清单，并启动了假设日志，其中包含了项目的任何假设条件和制约因素。

由于项目团队已获得 WBS，团队会向自行车手和店主提出问题，并确定至少两种估算方法，以提高进行可靠估算的可能性。制约因素和假设条件都很清楚并被列在日志中。

项目团队与干系人协商以收集准备估算阶段所需的信息。

大多数范围很容易理解，但齿盘仍在设计中。由于齿盘仍在设计，因此范围的定义不足以估算材料和加工时间。项目团队决定分成三个较小的团队：Alpha、Bravo 和 Charlie 团队。Alpha 和 Bravo 团队将对相同的工作分解任务包应用不同的估算技术，而 Charlie 团队将使用相对估算技术来适应可能需要对齿盘进行的更改。

第一位专家建议使用类比估算，根据他几年前制造多辆类似自行车的经验（除了齿盘）。他将领导 Alpha 团队。第二位专家选择预先逐个评估组件，再将其与自下而上的估算进行对比——她将领导 Bravo 团队，使用 PERT 估算。最后，Charlie 团队需要与店主、机械师和工程师合作，迭代开发齿盘组件并使用相对估算。项目团队将在项目中使用三种方法进行估算。

第 4 章——创建估算

Alpha 团队由构建此类定制模型的专家领导，他们在历史信息中提取三个项目进行比较。对专家提供的数据进行比较并对存在差异的地方进行标准化处理，Alpha 团队认可表 X3-1 中显示的工作分解和估算。此外，在对一个项目（被挑中用来进行比较）的经验教训进行回顾时，Alpha 团队意识到商业采购的现成制动系统的质量与最初要求的定制工程系统的质量相同。经店主的许可，他们修改估算值，使用商业采购的制动系统，并与整个团队共享此变更。

项目团队使用来自类似项目的信息和专家判断，使用预先确定的方法为项目创建估算。

制动系统可在市场上买到且质量相同，这可以为团队节省 20 天的时间，而且成本还不到内部加工的一半。20 天是根据之前完成工作的类似估算得出的。对于 Bravo 团队，自下而上的估算需要以下输入：上图显示的 WBS（见表 X3-1）、已知的假设条件和制约因素及估算团队。

表 X3-1 工作包

工作包	持续时间（天）	成本（美元）
制造框架结构		
框架	5	30
手把	4	25
叉架	4	80
座椅	10	100
制造齿盘		
链条	4	12
曲柄	4	10
踏板	4	23
齿轮	4	5
制造轮胎		
前轮	25	30
后轮	25	30
制造刹车系统		
刹车线	0.5	10
刹车片	1	10
卡钳	0.5	5
握把	1	5
制造换挡系统		
变速器	5	5
换挡器	5	6
变速线	5	8
创建文档		
用户手册	20	5
质保指南	10	5
安全指南	20	5
项目管理	20	100

自下而上的技术实际上从最高层级开始并分解，将自行车视为可交付物，以解释 WBS 创建过程中可能发生的任何变化。Bravo 团队使用产品导向的 WBS 来呈现预测型生命周期。考虑到工作包可交付物，进行的分解将产生组件级别的估算。成果是以天为单位的预测持续时间和以美元为单位的预测成本。在项目的生命周期中将重新审视该成果。

从框架结构开始，团队将框架分解为工作活动。项目经理决定使用 PERT 公式进行估算，要求团队成员准备三个估算值。第一个估算是最可能估算，即如果团队多次执行该任务，该任务可能需要的平均工作量。第二个估算是悲观估算，这代表如果当在风险日志中确定的负面因素发生时任务可能需要的工作量。第三个估算是乐观估算，即如果团队识别的积极风险确实发生，任务可能需要的工作量。团队为框架结构的每个工作活动创建三个估算值，如表 X3-2 所示。

表 X3-2　PERT 估算——团队估算

活　动	悲观工期（P）	最可能工期（ML）	乐观工期（O）	结　果
用框架 CAD 图纸调整计算机数控（CNC）	4	3	1	2.8
用塑料原料创建原型框架	7	5	2	4.8
测试原型的公差	11	8	6	8.2
在 CNC 上创建框架	8	5	4	5.3
与其他部件一起测试公差	4	3	2	3
记录配置并调整图纸以匹配实际制造	2	1	1	1.2
总时长	36	25	16	25.3

最后，团队应用 PERT 公式 $(O + 4ML + P) / 6$ 来最终确定框架结构的估算值。使用此技术，团队继续估算整个 WBS，如表 X3-3 所示。

表 X3-3 PERT 估算——结果

工作包	持续时间	成本（美元）	资源
制造框架结构			
框架	25	30	Majdi
手把	4	25	Majdi
叉架	4	80	Biyi
座椅	10	100	Biyi
制造齿盘			
链条	4	12	Cindy
曲柄	4	10	Ashley
踏板	4	23	Cindy
齿轮	4	5	Ashley
制造轮胎			
前轮	25	30	Richard
后轮	25	30	Richard
制造刹车系统			
刹车线	7	10	Paula
刹车片	7	10	Paula
卡钳	7	5	Paula
握把	7	5	Biyi
制造换挡系统			
变速器	5	5	Gerhard
换挡器	5	6	Gerhard
变速线	5	8	Gerhard
创建文档			
用户手册	20	5	Richard
质保指南	10	5	Linda
安全指南	20	5	Linda
项目管理	20	100	Cindy

对于使用适应型生命周期的 Charlie 团队，估算过程完全不同。该团队通过自行指导来及时交付齿盘以测试原型。从原始 WBS 开始，他们将齿盘组件分解为用户故事。这里使用用户故事格式，根据 WBS 创建一个待办事项列表，因此结果和限制是明晰的，并嵌入工作。用户故事取代了其他团队正在评估的文档。

Charlie 团队选择使用非数字量表作为估算方法来选择待办事项列表的相对规模。根据经验，团队知道与其他工作相比，加工车轮是中等水平的工作。团队选择 T 恤尺码作为相对度量（如小号、大号和超大号）。遍历待办事项列表，团队将每个用户故事与车轮的已知工作进行比较，并记录相对规模。自行车手提醒团队成员，项目的最小可行产品是她测试的原型。

项目团队将 WBS 元素齿盘分解为用户故事，并根据经验确定待办事项的优先级。

注意：在将用户故事输入进度计划之前，必须对待办的用户故事进行优先级排序。团队通常在确定规模后立即对待办事项列表进行优先级排序。

Charlie 团队的待办事项列表和估算如表 X3-4 所示。

Charlie 团队决定构建一个可以在现有定制自行车上进行测试的原型，并根据满足最小可行产品（原型自行车）的需求优先级确定待办事项的优先级。

自行车手将成为设计和测试原型的生产团队的一员。她将提供反馈以改进原型并阐明验收标准。

Alpha、Bravo 和 Charlie 团队齐聚一起，分享他们的初步估算，以制订一个粗略的进度表。他们采用了 Charlie 团队的想法，即使用现有的定制自行车来测试齿盘。

最后，由于车轮制造设定了基准，其估算时间被确定为三天，因此将齿盘与该估算值进行比较并将其标准化，以适应项目的非敏捷部分。

整个团队采用了信息发射源或看板的敏捷实践，取消了甘特图的编制。通过每日站会和实践来跟踪信息发射源中已完成的工作，项目经理可以轻松监控进度并与团队其他成员共享重要知识。该团队的总人力投入的估算值为 500 美元，商业部分的估算可以从目录中提供。

围绕进度和部件交付时间，整个团队整合了每个工作包的各种估算，并创建了整体项目估算基准（见表 X3-4）。

表 X3-4　Charlie 团队的估算待办事项列表

WBS 元素	用户故事	规模（相对）
齿盘	作为一名自行车手，我需要一个能够提供<保密>*齿比的齿盘，以便我最大限度地提高（>20%）成绩。	L
齿盘	作为一名自行车手，我需要在 30 天内创建一个齿盘原型，以便可以对它进行性能测试，并有足够的时间在必要时重新设计。	XL
链条	作为一名自行车手，我需要齿盘上的链条必须承受 500 英尺磅的压力，这样齿盘可以在两天内承受 20%的坡度超过 40 英里。	S
曲柄	作为一名自行车手，我需要齿盘的曲柄必须轻巧，以在不影响强度的情况下减轻自行车重量，因此我需要减轻自行车 10%的重量。	S
曲柄	作为一名自行车手，我需要齿盘的曲柄必须在 400 小时内持续承受 300 英尺磅的向下冲程压力，这样，可靠性才能超过更换成本。	S
曲柄	作为一名自行车手，我需要齿盘的曲柄必须进行序列识别，避免与其他使用不同工程的类似曲柄混淆。	S
曲柄	作为一名自行车手，我需要齿盘的曲柄必须适配现成商用踏板，而不需要定制踏板。	S
踏板	作为部件经理，我需要五天的时间来订购踏板，以便它们能及时送达这里进行测试。	L
踏板	作为一名自行车手，我需要踏板可以与任何自行车踏板互换，而不是针对这个自行车进行定制。	XS
齿轮	作为机械师，我需要齿盘的计算机辅助设计（CAD）文件，以便我可以调整计算机数控（CNC）机器。	L
齿轮	作为一名自行车手，我需要齿盘必须符合店主要求的定制工程设计，使用可以用于增材或减材制造的预购复合材料，以便与我的设计保持密切相关。	XL
齿轮	作为机械师，我需要齿盘的齿轮必须使用加工车间的 CNC 机床和三维打印机，这样我就不必花时间等待可用的机器了。	S

Alpha 和 Bravo 团队的估算在大多数环节都非常接近，这使得这些估算的准确率很高，但自行车座椅除外。Alpha 团队的估算是基于仓库中目前可用的材料做出的。Bravo 团队的估算是基于自行车手提供的规格做出的。自行车手听取了大家的意见并决定坚持她的要求。

项目经理更新了假设日志和项目文件，以反映自行车手的决定。

最终估算是所有团队估算的组合，用于创建项目基准进度计划（见表 X3-5）。团队可以在任何迭代中识别新活动。

表 X3-5　自行车团队的估算基准

工作包	持续时间（天）	成本（美元）	资　源
制造框架结构			
框架	2	1000	Majdi
手把	1	500	Majdi
叉架	0.5	250	Biyi
座椅	0.5	250	Biyi
制造齿盘			
链条	-	69	Cindy
曲柄	1	500	Ashley
踏板	-	75	Cindy
齿轮	8	4000	Ashley
制造轮胎			
前轮	3	1500	Richard
后轮	3	1500	Richard
刹车系统	-	175	Parts
制造换挡系统			
变速器	6	3000	Gerhard
换挡器	0.5	250	Gerhard
变速线	-	40	Parts
创建文档			
专利工程规范更新	1	500	Richard
项目管理	14	2000	Cindy

第 5 章——管理估算

在开始制造后，自行车的制造正在进行中。团队进展信息发射源按照计划指示进展，所有零部件均已收进仓库。

在第一个月的工作中，自行车手的衣服上会绘制赞助商品牌的标志，自行车手会因此收到额外一笔资金，这样拥有一个比现有框架更轻的框架结构就成了可能。原型车架已经造好，自行车手要求进行变更。

在项目审查期间，团队对新赞助商的变更进行讨论，并决定执行重新估算会议来管理这些变更。修订后的估算将构成一个新的基准，其中包括已批准的变更。

第 6 章——改进估算过程

在制造定制自行车时，团队进行了几次回顾会议，以识别是否有任何过程改进的经验教训，以及产生估算偏差的根本原因。店主决定用商用车架替换计划中的定制车架以减少进度时间。更改估算值以考虑采购零件的前置时间，并对与采购和制造相关的任务进行估算。

由于最初的类比估算值与三点估算值非常接近，店主意识到类比估算是可靠的，三点估算中涉及的额外工作并没有对项目提供额外的置信度。

团队很享受使用 T 恤度量来衡量人力投入量的乐趣，但也发现这些度量很难融入整体项目的估算。然而，使用诸如 T 恤之类的相关物品节省了大量时间，这被应用于实际制造自行车的任务。团队决定继续实践，因为他们知道相对规模是值得为创建整体项目估算而挑战的。

附录 X4　估算工具和技术

X4.1　概述

在估算活动资源、活动持续时间、项目收益（价值）和项目成本时，项目团队可以选择大量工具和技术。汇编的列表并不全面，还存在许多其他变体。有关估算类别，请参阅表 X4-1，有关估算工具和技术，请参阅表 X4-2。

表 X4-1　估算类别

估算类别	描述
定量估算	只有当项目的每个细节都可用时，才能使用此技术。 这是一项耗时且昂贵的技术，但它提供了最可靠和准确的结果。有些任务是常见且频繁出现的，因此可以获得大量数据。统计（参数）模型是一组相关的数学方程，其中，可通过改变一组固定系数（参数）的假设值来定义替代方案。
定性估算	基于不可量化信息的主观判断。通常，定性估算是在少数情况下完成的，并且应该提供对估算问题的洞察。
相对估算	采用粗略量级或比较技术，并渐进明细加以说明，直到应用更准确的估算或技术。

表 X4-2　估算工具和技术

工具/技术	描　述	定量估算	相对估算	定性估算
分解	分解是一种自上而下的估算技术，它试图对最初的计划任务进行细化的罗列。WBS 中某个与需求相关的任务越细化，计划的人力投入就越接近其最终值，以此减少平均相对误差和项目可交付物的可能延误。	X		
部分分解	这种方法从构建传统的 WBS 开始；使用渐进明细可以将其降低一两个层级。此时，使用最佳猜测或使用此处列出的其他估算技术来估算不同的工作组件。	X	X	
分阶段估算	分阶段估算在使用滚动式规划技术的大型项目中很常见。在分阶段估算中，近期估算的估算精度较高（±5%），而未来估算的估算精度可能为±35%~50%。通常在组织的治理中建立估算的准确性/差异性，以保持一致性。	X	X	X
德尔菲、头脑风暴、专家判断	借助专家，根据一位或多位有类似项目经验的专家的头脑风暴进行估算；通过一个共识机制产生估算。这些技术可用于不同的估算类别。	X	X	X
统计数据	从类似项目中获取变量并将变量应用于当前项目。 例如，将以前项目中每立方米混凝土的成本用于计算当前项目的具体需求。用新项目的具体需求乘以之前项目的成本。 这将为当前项目提供混凝土的总成本。	X		

续表

工具/技术	描 述	定量估算	相对估算	定性估算
公布的费率	业界人士发布参数估算数据，使用可获得的已发布的费率。 如果需要估算建造高层办公楼的成本，估算师可以查阅估算出版物，发现建造一栋六层的预应力混凝土建筑的成本（其办公室的饰面豪华，加上许多其他规格）为每平方英尺175美元。 可以选择适当的费率并将其乘以所估算建筑物的平方英尺数。这将得出估算的成本。	X		
比率	比率与类比相似，不同之处在于，比率可以比较具有相似特征但规模更大或更小的工作。 例如，如果完成1550平方英尺的餐厅的软件安装所需的人力投入是1500小时，那么一个500平方英尺的新餐厅的人力投入估算值为500小时。	X	X	
蒙特卡罗分析	一种多次迭代或计算数据点的技术，使用从可能值的概率分布中随机选择的输入值来计算整体估算的分布。	X		
PERT/三点估算	该技术用于减少估算中的偏差和不确定性。不是找到单个估算值，而是确定三个估算值，然后将它们的平均值用作估算值。计算为乐观（O）、悲观（P）和最可能（ML）结果的加权平均值的估算值如下： • 乐观（O）。考虑最好的情况并假设一切都比计划要顺利。 • 最可能（ML）。考虑正常情况，一切照常进行。 • 悲观（P）。考虑最坏的情况并假设几乎一切都出错了。 根据对估算值的预期分布的评估，有两个常用公式： $(O + 4ML + P)/6 = E$，其中E是估算值（贝塔分布/加权平均值）或$(O + ML + P)/3 = E$（三角分布/简单平均值）。	X		

续表

工具/技术	描述	定量估算	相对估算	定性估算
源代码行（SLOC）	根据所需代码的预计行数来估算开发信息系统解决方案的人力投入的方法。这种方法的一个缺点是，SLOC 计数在软件开发生命周期的编码阶段完成之前不可用。在开发的早期阶段，很难用代码行数来表示软件规模。它可以作为类比估算的来源。	X		
功能点分析（FPA）	信息系统提供给用户的离散功能的计数。FPA 是一种被广泛引用的估算软件项目规模的方法。在规划的开始阶段，可以应用使用 FPA 的自上而下的方法。在后期获得更多系统规格后，自下而上的方法也可用于提高估算的准确性。然而，自下而上的方法并不是使用 FPA 的传统方法。	X		
回归分析	该做法跟踪两个变量以查看它们是否相关，然后使用该图创建一个数学公式，用于未来的参数估算。	X		
故事点	用户故事是一种需求。这些用户故事被分解到足够的级别，以便团队成员进行解决方案的开发。故事点是对完成用户故事工作所需人力投入的相对估算，并表明了故事相对于基准故事的大小。			X
亲和分组	团队成员只需将他们认可的大小相同的项目组合在一起。	X X		X
用例点	完成用户需求的相对人力投入的测量指标。	X		X
理想天数	如果团队工作不受干扰，团队完成一个故事所需的人力投入天数。			X

续表

工具/技术	描述	定量估算	相对估算	定性估算
启发式	启发式是一种基于经验的技术；在基于详细数学公式的详尽估算不切实际时使用。它类似于专家判断，这意味着如果某人过去做过类似的项目，那么他可以基于启发式提供估算和解释。	X X		
滚动式规划	使用持续的渐进明细来不断细化估算的技术。	X X		X
范围估算	为了提高早期估算的可靠性和可用性，包括了范围，而不仅仅是最可能的值。例如，项目团队提供了新图形界面软件增强的成本范围如下：3~8 个工作月和 150000~320000 美元。这些假设在能力和成本之间存在线性关系。	X X		
计划扑克	计划扑克，也被称为 Scrum 扑克，是一种基于共识的、游戏化的估算技术，主要用于估算软件开发中开发目标的人力投入或相对规模。计划扑克使用斐波那契数列为特征或项目分配一个点值，目的是消除作为变量的时间。消除了作为估算基础的时间，其目的是团队将不太可能要求更多细节和填充估算。数字是相对大小，而不是时间。		X	X
访谈、调查、焦点小组、观察和研讨会	通过直接与干系人交谈和/或通过访谈、调查、焦点小组、观察和研讨会来收集信息。是一系列从干系人那里获取信息的方法。	X		X
挣值管理（EVM）	用于确定完工估算（EAC）和完工尚需估算（ETC）。	X X		X
专家判断	基于主题专业知识提供的判断。	X		X

术语表（英文排序）

1. 常用缩写

EEF 事业环境因素

EVM 挣值管理

OPA 组织过程资产

PERT 计划评审技术

PMIS 项目管理信息系统

WBS 工作分解结构

2. 定义

Accuracy 准确：对正确程度的评估；测量值与特定值的接近程度。

Activity Attributes 活动属性：每个进度活动所具备的多种属性，可以包含在活动清单中。活动属性包括活动编码、紧前活动、紧后活动、逻辑关系、提前量和滞后量、资源需求、强制日期、制约因素和假设条件。

Activity Duration 活动持续时间：用日历单位表示的，进度活动从开始到完成的时间长度。见"持续时间"。

Activity Duration Estimate 活动持续时间估算：对活动持续时间的可能数量或结果的定量评估。

Activity List 活动清单：一份记录进度活动的表格，显示了活动描述、活动标识及足够详细的工作范围描述，以便项目团队成员了解所需执行的工作。

Adaptive Life Cycle 适应型生命周期：迭代或增量的项目生命周期。

Analogous Estimate 类比估算：使用类似活动或项目的历史数据来估算一个活动或项目的持续时间或成本的技术。

Anchoring 锚定：当个体在决策中过于依赖初始信息时所产生的偏见。锚定也是设定初始估算（基准）以进行测量的概念。

Baseline 基准：工作产品的经批准的版本，用作与实际结果进行比较的依据。

Baseline Estimate 基准估算：对项目已批准计划的可能数量或成果的定量评估。

Basis of Estimate 估算依据：概述用来建立项目估算细节的支持性文件，如假设条件、制约因素、详细程度、估算区间和置信水平。

Benefits 收益：估算或评估通过实施项目或项目集可实现的近似收获。

Bottom-up Estimate 自下而上估算：通过汇总工作分解结构中更低层级的组件，以估算项目持续时间或成本的方法。

Bottom-up Estimate Model 自下而上估算模型：一种用于辅助计算和预测的系统或过程的简易数学描述，从底层开始，将详细的工作组件汇总以形成工作组件的总量。

Change Control 变更控制：一个过程，用来识别、记录、批准或否决与项目相关的文件、可交付物或基准的修改。

Change Control Board （CCB） 变更控制委员会：一个正式设立的团体，负责审查、评价、批准、推迟或否决项目变更，以及记录和传达变更处理决定。

Change Request 变更请求：关于修改文档、可交付物或基准的正式提议。

Communication Management Plan 沟通管理计划：项目、项目集或项目组合管理计划的组成部分，描述了项目信息将如何、何时、由谁来进行管理和传播。

Confidence Level 置信水平：衡量统计结果可靠性的方法，用百分比的形式表示结果的正确概率。

Contingency Reserve 应急储备：在进度或成本基准范围内，为主动应对已知风险而分配的时间或资金。

Cost Estimate 成本估算：对项目、工作包或活动成本的近似值的定量评估。

Create Estimate 创建估算：估算活动资源、活动持续时间和项目成本的阶段，有几种模型和技术可用于确定估算。

Delphi Method 德尔菲技术：一种依赖于专家小组的系统的、交互式的预测方法。专家完成两轮或多轮问卷调查，在每轮之后，引导者都会提供上一轮匿名的专家预测总结及判断理由。

Detectability 可探测性：在风险管理中，风险事件的发生能够被观察（探测）到的概率。

Determine Budget 制定预算：汇总所有单个活动或工作包的估算成本，建立一个经批准的成本基准的过程。

Develop Schedule 制订进度计划：为了项目的执行与监控，对活动顺序、持续时间、资源需求和进度制约因素进行分析，以创建项目进度模型的过程。

Duration 持续时间：完成某进度活动或工作分解结构组件所需的工作时段总数，用小时、日或周表示。

Earned Value Management 挣值管理：将范围、进度和资源测量值综合起来，以评估项目绩效和进展的方法论。

Enterprise Environmental Factors 事业环境因素：团队不能直接控制的，将对项目、项目集或项目组合产生影响、限制或指导作用的各种条件。

Estimate 估算：对某一变量的可能数值或结果的定量评估。如项目成本、资源、人力投入或持续时间。

Estimate Activity Duration 估算活动持续时间：根据资源估算的结果，估算完成单项活动所需工作时段数的过程。

Estimate Activity Resources 估算活动资源：估算执行各项活动所需的材料、人员、设备或用品的种类和数量的过程。

Estimate At Completion （EAC） 完工估算：完成所有工作的预期总成本，表示为实际成本和完工尚需估算之和。

Estimate Costs 估算成本：对完成项目活动所需资金进行近似估算的过程。

Estimate to Complete （ETC） 完工尚需估算：完成所有剩余项目工作的预期成本。

Estimating Life Cycle 估算生命周期：项目估算的持续时间，包括以下阶段：准备估算、创建估算、管理估算和改进估算过程。

Forecast 预测：根据已有的信息和知识，对项目未来的情况和事件进行的估算或预计。

Historical Information 历史信息：以往项目的文件和数据，包括项目档案、记录、函件、完结的合同和结束的项目。

Identify Risks 识别风险：识别单个风险及总体风险来源，并记录其特征的过程。

Improve Estimating Process 改进估算过程：在项目进展中使用的项目估算阶段。在估算进展中应用经验教训，包括基于实际数据的模型校准，以及在维护估算中所包含的各领域检查单。

Integrated Change Control 整体变更控制：识别、记录、批准或否决、控制项目基准的变更。通过协调所有涉及的学科和知识领域的方式，确保最终产品的完整性，还涉及对项目时间、项目成本和项目资源的影响评估。

Kanban Boards 看板：一种可视化工具，通过使瓶颈和工作量可见来改进工作流程。

Lessons Learned 经验教训：在项目过程中获得的知识，说明曾如何处理某个项目事件或今后应如何处理，以改进未来绩效。

Manage Estimate 管理估算：当初始估算完成且项目工作已开始时，使用此项目估算阶段。该阶段使用了许多活动，包括变更控制、校准预测以及将实际值与估算值进行比对。

Manage Stakeholder Engagement 管理干系人参与：与干系人沟通协作以满足干系人需要和期望，解决问题，并促进适当的干系人参与的过程。

Organizational Process Assets 组织过程资产：执行组织所特有的并被其使用的计划、流程、政策、程序和知识库。

Parametric Estimate 参数估算：基于历史数据和项目参数，使用某种算法来计算成本或持续时间的一种估算方法。

Parametric Estimate Model 参数估算模型：一种用于辅助计算和预测的系统或过程的简易数学描述，通常，参数模型在一个或多个变量的基础上计算成本和持续时间的因变量。

Precision 精确：两个或多个测量值彼此接近的程度。

Precision, Level of 精确度：将给出的数值估算的小数位数。

Predictive Life Cycle 预测型生命周期：一种项目生命周期，在生命周期的早期阶段确定项目范围、时间和成本。

Prepare Estimate 准备估算：一个估算阶段，包括确定活动、估算技术，识别估算团队，准备估算输入和记录估算制约因素（如成本、进度、资源）。

Program Evaluation and Review Technique（PERT）计划评审技术：当单个活动的估算存在不确定性时，通过乐观、悲观和最可能的活动持续时间的加权平均值来估算项目持续时间的一种技术。

Progressive Elaboration 渐进明细：随着信息越来越多、估算越来越准确，而不断提高项目管理计划的详细程度的迭代过程。

Project Estimate 项目估算：对可能的数量或成果进行定性和定量评估的行为，通常应用于项目成本、收益、资源、人力投入和持续时间。

Project Estimate Approach 项目估算方法：在准备估算阶段创建的一份文件，概述了总体方法、使用的技术、项目信息假设、制约因素及创建估算所需的其他重要信息。

Project Life Cycle 项目生命周期：项目从开始到结束所经历的一系列阶段。

Project Management Information System（PMIS）项目管理信息系统：由收集、整合和传播项目管理过程输出的工具和技术所组成的信息系统。

Project Schedule 项目进度计划：进度模型的输出，为各个相互关联的活动标注了计划日期、持续时间、里程碑和资源等信息。

Ratio Estimating 比率估算：假设项目成本与可交付物的一个（或多个）基本特性之间存在线性关系的模型。此模型需要量化和使用的基本的可交付物特性是物理属性或性能特征。

Relative Estimation 相对估算：将任务、用户故事、规划包或其他分组工作事项与商定的模型（或按同等难度分组）进行比较的一种技术。通过将量化估算所花费的时间重新用于实际工作，相对估算可以节省大量时间和成本，从而更快地交付商业价值。它还可以通过近乎实时和/或短时间的估算来利用学习曲线。

Resource Calendar 资源日历：确定每种特定资源可用的工作日和班次的日历。

Retrospective 回顾：定期举行的研讨会，参会者探讨其工作和结果，以便改进过程和产品。

Risk Register 风险登记册：记录风险管理过程输出的存储文件。

Rough Estimate 粗略估算：也被称为棒球场估算（大致估算），是足够接近的且可用的不精确估算方法。

Rough Order of Magnitude（ROM）Estimate 粗略量级估算：见粗略估算

Schedule Compression 进度压缩：在不缩小项目范围的前提下缩短进度工期的技术。

Scrum Scrum：一种用于开发和维护具有特定角色、事件和工件的复杂产品的敏捷框架。

Stakeholder 干系人：能影响项目、项目集或项目组合决策、活动或成果的个人、群体或组织，以及会受或自认为会受它们的决策、活动或成果影响的个人、群体或组织。

Standard 标准：由权威、习惯或通用概念作为模型或示例而建立的文件。

Story Point 故事点：在相对的用户故事估算技术中使用的无单位测量值。

Template 模板：一种固定格式的、已部分完成的文件，为收集、组织和呈现信息与数据提供明确的结构。

Three-Point Estimate 三点估算：当单个活动估算存在不确定性时，通过应用乐观、悲观和最可能估算的平均值或加权平均值来估算成本或持续时间的一种技术。

Variance Analysis 偏差分析：确定实际绩效与基准之间差异的原因和程度的技术。

Velocity 速度：一种用于预测适应型团队在迭代过程中可以完成的工作量的度量指标，它基于对先前迭代中完成的工作的反思和测量。这通常是以相关的术语来测量，如完成的故事点、开发人员点、用户故事、需求等。它允许团队通过查看其历史绩效（昨天的天气）来更准确地规划下一个能力。团队可能发现，需要4~8次迭代才能达到稳定的速度。

Work Breakdown Structure（WBS）工作分解结构：对项目团队为实现项目目标，创建所需可交付物而需要执行的全部工作范围的层级分解。

Work Performance Information 工作绩效信息：经过与项目管理计划组件、项目文件和其他工作绩效信息进行对比分析的，从控制过程中收集的绩效数据。

索引

A

AAS，见先进自动化系统
准确，17，111
　错误认识，35
活动属性，30，111
活动持续时间，111
活动持续时间估算，111
活动清单，30，111
实际值，76
　应用，70~71
　因地制宜的，74
适应性生命周期，24~25，35，67，84，112
先进自动化系统，6
亲和分组，53~54，108
敏捷，35
《敏捷实践指南》，13
AI，见人工智能
类比估算，112
　优点，42
　缺点，42~43
　输入，45~46
　输出，46~47
　PERT，45

区间估算，44
比率估算，43
三点估算，44
分析师，20
锚定，62~63，112
人工智能，63
假设条件
　变化的，23
　日志，76

B

基准，4，112
基准估算，72~73，83，112
估算依据，4，46，112
收益，16，112
自下而上估算，50~51，112
自下而上估算模型，112
预算，组织级，37
缓冲和沙袋效应，60

C

校准，59
CCB，见变更控制委员会

变更控制，76，112
变更控制委员会，23，112
变更请求，23，75，112
沟通，75
沟通管理计划，75，112
估算组件成本，11
不确定性锥体，22
置信水平，21，35，112
建筑，26
情境实际值，74
应急储备，22，37，112
持续改进，需求，81
合同职位，74
成本估算，112
 管理，70
项目估算成本，16
成本—进度的相互关系，61
创建估算，19，39~41，64~65，97，113
 锚定影响质量，62
 校准，59
 成本—进度的相互关系，61
 机器学习和人工智能，63
 乐观和悲观，60
 参数估算技术，47~49
 估算的渐进明细，61
 定性估算技术，56~59
 定量估算技术，42~51
 相对估算技术，52~56
 成功因素，63~64
创建工作分解结构，8，17
估算的客户，20

D

定义活动，8
确定性估算，50
德尔菲技术，113
可探测性，113
制定预算，9，113
确定性与概率估算，48
制订进度计划，8，113
持续时间，16，113
 估算管理，70

E

EAC，见完工估算
挣值管理（EVM），10，77，109，113
EEF，见事业环境因素
人力投入，16
人力投入估算管理，70
事业环境因素，32，46，113
估算活动持续时间，8，113
估算活动资源，9，113
完工估算（EAC），109，113
估算成本，9，113
估算管理，67~77
 实际值，76
 输入，72~75
 生命计划周期，69~72
 输出，75~76
完工尚需估算（ETC），109，113
估算三角形，44
估算，83
 特点，25
 创造，19
 管理，19

《PMBOK®指南》，4
　　准备，19
　　质量，76
估算要素，17
估算生命周期，19，113
　　准备估算，29~37
　　阶段，21
估算过程，见改进估算过程
　　评估，82~84
　　实施输入和输出，85
　　改进输入和输出，83~84
估算技术分类，18
估算技术，31
估算偏差
　　适应型生命周期，14，24~25
　　项目组合，25
　　预测型生命周期，23~24
估算者，20，46
ETC，见完工尚需估算
EVM，见挣值管理
演进式估算，21~22
专家，31，58
外部人员配置，36

F
FAA，见美国联邦航空局预算
错误认识，准确，35
错误估算，24
美国联邦航空局（FAA）预算，6
斐波那契数列，52，55，109
锚定，62
预测，75，83，114

G
美国审计总署（GAO），6
政府、特定行业的实践，26
《项目管理知识体系指南（PMBOK®指南)》，2，73~74
　　项目估算概念，15
　　项目整合管理，8
　　项目经理角色，8
　　项目进度管理，8

H
高度监管行业，26
历史信息，32，47，83，114

I
识别风险，9，114
改进估算过程，79~86，104，114
独立项目估算，46
特定行业实践，26
输入
　　类比估算技术，45~46
　　自下而上估算技术，51
　　制约因素和假设条件，32
　　估算管理，72~75
　　估算过程实施，85
　　估算过程改进，83~84
　　估算技术，31
　　专家，31
　　历史项目信息，32
　　参数估算技术，49
　　准备估算，30~32
　　项目文件，30
　　定性估算技术，58

相对估算技术，55

内部职位，74

内部配置人员，36

访谈，58，109

J

判断，专家，26，58，97

K

看板，101，114

L

经验教训，84~86，114

生命周期

    适应型的，14，24~25，67，84，89

    需求的演变，23

    预测型的，23~24，115

    阶段估算，19~20

生命计划周期，69~72

日志，83

M

机器学习，63

管理估算，19，67~75，114

管理干系人参与，10，114

度量指标，22~23

N

《项目复杂性管理实践指南》，13

非政府组织（NGO），26

非任务相关的估算，16

O

观察，58，109

单点估算偏差，24

OPA，见组织过程资产

乐观，估算创建，60

组织预算，37

组织文化，76

组织过程资产（OPA），32~33，46，75~76，83~85，114

输出

    类比估算方法，46~47

    自下而上估算技术，51

    估算管理，75~76

    估算过程实施，85

    估算过程改进，34，84

    信息和资源使用，3，34

    OPA，33

    参数估算技术，49

    项目估算方法，33~34

    定性估算技术，58

    相对估算技术，56

P

填充，24

参数估算，47~49，114

    优点和缺点，49

    输入和输出，49

    参数估算模型，114

绩效整合变更控制，8，73，114

绩效定性风险分析，9

绩效定量风险分析，10

PERT，见计划评审技术

悲观，估算创建，60

计划采购管理，10
计划资源管理，9
计划风险管理，9
计划风险应对，10
计划扑克，54~55，109
《PMBOK®指南》，见《项目管理知识体系指南》
《PMI 商业分析师指南》，13
PMI 项目估算资源，3
PMIS，见项目管理信息系统
项目组合产能和能力管理，12
项目组合估算，36
项目组合估算偏差，25
项目组合经理，20
项目组合风险管理，12
项目组合战略管理，12
项目组合价值管理，12
项目组合/项目集共享资源，36
《挣值管理实践标准》，10
《项目估算实践标准》，14，27
 《敏捷实践指南》，13
 估算角色，19
 生命周期阶段估算，19~20
 《项目复杂性管理实践指南》，13
 《PMI 商业分析指南》，13
 《挣值管理实践标准》，10
 《工作分解结构（WBS）实践标准》，10，2~3
 《组织级项目管理标准（OPM）》，13
 《项目组合管理标准》，12
 《项目集管理标准》，11
《进度实践标准》，11
《工作分解结构（WBS）实践标准》，10
精确，17，114，115
预测型生命周期，23~24，115

准备估算，19，29~37，115
 活动，30，31
 输入，30~32
 输出，31，33~34
 项目方法，30~37
 项目文件，30
过程改进步骤，80
基于流程的行业，26
项目集收尾阶段活动，11
项目集成本估算，11
项目集定义阶段活动，11
项目集交付阶段活动，11
项目集估算，36
计划评审技术（PERT），45，97，99~100，107，115
项目集经理，20
项目集资源需求估算，11
渐进明细，61，115
项目沟通管理，9
项目成本管理，9
项目持续时间，23
项目估算，1，83，115
 技术种类，18
 概念，15~18
 定义，4
 演进式估算，21~22
 特定行业实践，26
 管理，72
 度量指标和数据使用，22~23
 项目管理实践，5~6
 范围，4~5
 估算偏差，23~25
项目估算方法，30，115

索引

输出，33~34
项目整合管理，8
项目生命周期，115
项目管理信息系统（PMIS），77，115
项目管理实践，5~6
项目经理，20
项目采购管理，10
项目质量管理，9
项目资源管理，9
项目风险管理，9
项目进度，115
项目进度管理，8
项目范围管理，8
项目发起人，20
项目干系人管理，10
项目团队经理，20

Q

定性估算技术，56~59，105
 优点和缺点，57~58
 输入和输出，58
 输出，58
定量估算技术，42~51，105
 类比，42~47
 自下而上，50~51
 定性的，57

R

区间估算，44
比率估算，43，115
登记册，83
相对估算技术，52~56，105
 优点和缺点，52

通用，53~55
输入，55
输出，56
相对估算，24，105，115
报告，75
需求文件，30
资源配置，36
资源日历，30，115
资源估算管理，70~71
资源管理计划，73
资源，项目估算，16
回顾，116
风险登记册，30，116
ROM，见粗略量级估算
粗略估算，116
粗略量级（ROM）估算，13，19~21，24，105，116

S

进度
 活动，30
 《进度实践标准》，11
范围
 基准，30
 估算，33
 输出，33
Scrum，30，116
高级管理，20
SMEs，见主题专家
软件开发，26，32，43，49
人员配置，内部/外部，36
干系人，116
 参与，86

期望管理，22，35

标准，116

《组织级项目管理标准（OPM）》，13

《项目组合管理标准》，12

《项目集管理标准》，11

《项目组合、项目集和项目风险管理标准》，11

故事点，8，24，26，108，116

主题专家（SMEs），20

调查，18，58，109

T

模板，75，79，83，116

三点估算，44, 107, 116

时间配置，35

时间投资，86

V

偏差分析，76，116

速度，24，61，116

供应商投标分析，37

W

工作分解结构，10，30，106，116

工作绩效数据，77, 83

工作绩效信息，74，77，116